Wovon reden wir eigentlich –

Anregungen

zum Weiterdenken

Knud Eike Buchmann

Wovon reden wir eigentlich –

Anregungen
zum Weiterdenken

Knud Eike Buchmann

Steinmann

FSC
www.fsc.org
MIX
Papier aus verantwortungsvollen Quellen
Paper from responsible sources
FSC® C105338

Erste Auflage

ISBN 978-3-927043-77-0
Covergestaltung: Gabriel Steinmann, München
Titelfoto © vetre – stock.adobe.com
Herstellung: BoD – Books on Demand GmbH, Norderstedt
Printed in Germany

www.steinmannverlag.de

Allen, die auf der Suche sind
und nicht nur an sich selber denken.

Für INGRID,
die ich immer gesucht und stets gefunden habe.

Einleitung: Gang durch den Garten der Gedanken

In unseren Gedanken, Gefühlen und Worten sind wir mit der Welt der Menschen verbunden. Verstehen wir uns immer so, wie es allen guttut? Wissen wir, wovon wir sprechen – oder sind wir nicht doch oft verwundert, dass man unter einem Begriff sehr Unterschiedliches verstehen kann? Jeden Tag benutzen wir viele Sprachwendungen wie selbstverständlich – und denken, meinen oder hoffen, dass unser Gegenüber dasselbe darunter versteht, wie wir auch. Ist das wirklich so?

Es gehört mit zum Spannendsten, sich – auch geistig – aneinander „zu reiben"; das geschieht immer dann, wenn wir uns über einfache Begriffe oder schwierige, komplexe Zusammenhänge einigen wollen. Steigen wir mit den vorliegenden Texten tiefer in die Erforschung der Vielfalt unserer täglichen Sprache ein, können uns weitere Einsichten und Erkenntnisse zuwachsen.

Wir Menschen stellen in jedem Alter und in ganz vielen Situationen Fragen, die wir gern beantwortet hätten. Zu rasch neigen wir dazu, im Internet oder Lexikon nachzuschlagen, was unter einem bestimmten Begriff zu verstehen ist. Dabei vergessen wir, dass wir uns durch die richtige Verwendung unseres Verstandes den Antworten gut annähern könnten. Es ist wie eine geistige Gymnastik, Begriffe, die man täglich benutzt, auch einmal von einer anderen Seite zu betrachten und zu denken.

Dazu sollen die kurzen Texte dieses Buches einladen. Die geistige Erkundungsfahrt möchte Orientierung geben und über reine Fakten und Informationen hinausführen: zum *Staunen*. Denn wir staunen, wenn wir unsere gewohnten, engen Denkmuster aufgeben und „Grenzen des sicheren Wissens" überschreiten. Vielleicht – und das wäre auch ein Ziel des Buches –

gehen wir aufmerksamer und achtsamer mit unserer Sprache um.

Dieses Buch ist ein Lese- und ein Denkbuch! Das Kaleidoskop der Begriffe erschließt sich im stillen Lesen und im wertschätzenden Gespräch. Und es ist beabsichtigt, dass weitergedacht wird; denn jede Leserin, jeder Leser verfügt über die Freiheit, in eine höhere Form der Auseinandersetzung mit dem Alltäglichen zu kommen. Die Texte könnten dazu beitragen, dass wir wieder lernen, uns still mit uns selbst und der Welt auseinanderzusetzen: nicht grübelnd, sondern nachsinnend. Unser Geist ist in der Lage, sich zu entfalten, wenn wir ihm das richtige Futter anbieten. Dabei sind Fragen oft wichtiger als Antworten – und jede Antwort führt uns zu weiteren Fragen.

Die bewusst kurz gehaltenen Texte sollen die Gedanken und Anschauungen, die jede Leserin/jeder Leser zu dem jeweiligen Thema mitbringt, bestätigen, erweitern und möglicherweise in ein neues Licht tauchen. Sie wollen dazu inspirieren, weiterzudenken, und möchten als Quelle vertiefender Gespräche dienen.

Seien Sie herzlich eingeladen zu einem anregenden Gang durch den Garten der Gedanken!

Ihr

Knud Eike Buchmann, Bad Dürrheim im März 2020

Altruismus

Die Fähigkeit und die Bereitschaft eigene Bedürfnisse zugunsten anderer Menschen in bestimmten Situationen zurückzustellen, ist in vielen Religionen gefordert. Immer wieder wurde und wird diskutiert, ob ein Mensch, der doch angeblich – von Natur aus – in einem hohen Maße egoistisch sei, überhaupt zu einem „reinen Altruismus" in der Lage ist. Hatte nicht der „Sozialdarwinismus" gelehrt, dass der Egoismus beim Tier (und beim Menschen) zur Durchsetzung eigener Bedürfnisse Voraussetzung für das Überleben sei?

Neuere Untersuchungen und Beobachtungen der Evolutionsforschung zeigen, dass kleine Kinder sehr wohl eine schwierige Lage bei anderen Menschen erkennen und spontan helfen. Viele Wirbeltierarten verteidigen ihre Nachkommen unter Gefährdung des eigenen Lebens. Richtig ist wohl, dass der Altruismus beim Menschen komplexe Ursachen und Gründe hat. Die Fähigkeit zum Helfen und Unterstützen, muss herangebildet werden. Sowohl Vorbilder als auch die Erkenntnis, dass Selbstlosigkeit längerfristig viele Vorteile bringen kann, kann die Neigung zur Uneigennützigkeit fördern. Das hat weniger mit einem „Edelmut" oder einer Selbstverleugnung zu tun als mit der Feststellung, dass Großzügigkeit, Höflichkeit und eben auch ein gewisser Altruismus das Zusammenleben maßgeblich erleichtern. Wo wir im zwischenmenschlichen Kontakt Vertrauen, Mitgefühl und Dankbarkeit einbringen, erfahren wir als positive Resonanz, dass wir als Person angenommen werden und oft angekommen sind.

Aber: Jede Tugend hat auch ihre „Schattenseiten". Es kann sehr gut möglich sein, dass man sich als Helfender und „guter Mensch" in die Rolle des angeblich Stärkeren erhebt, indem man Schwächeren hilft (Helfersyndrom) und sie in gewisser Weise von sich abhängig macht. Man bringt sich damit aus der selbst erlebten Schwäche und ängstlichen Verlassenheit in die Position des „Gutmenschen“. Diese durchaus neurotische Komponente ist ein immer wieder behandeltes Thema in Hilfsorganisationen; denn diese Art des „un-eigennützigen Helfens“ stellt ein Element eines später auftretenden „Burn-Out“ dar.

Die empirische Psychologie kann heute nicht mit Bestimmtheit sagen, ob es eine „altruistische Persönlichkeit“ gibt. Wie bei ganz vielen Verhaltensweisen kommt es immer wieder auf die jeweilige Situation und ihre Umstände an, ob man „selbstlos“ hilft und handelt oder nicht.

Ambiguität und Ambivalenz

... *ambiguus* (lat.) bedeutet, „sich nach zwei Seiten hinneigend.“ Heute verstehen wir unter der Ambiguitätstoleranz die Fähigkeit, jede Sache und jedes Ding aus zwei oder mehreren Blickwinkeln zu betrachten und die unterschiedlichen Sichtweisen nebeneinander bestehen zu lassen. Es gibt für einen reifen, klugen und besonnenen Menschen nicht nur die e i n e richtige Betrachtungsweise. Im Gegensatz zum Fanatismus kann der ambiguitätstolerante Mensch verschiedene Blickwinkel einnehmen, um sich ein (meist vorläufiges) Urteil zu bilden.

Unter der Ambivalenz versteht die akademische Psychologie die Doppelwertigkeit bzw. die Koexistenz zweier gegenteiliger Gefühle. Wir sind als gesunde Menschen in der Lage, solche gegensätzlichen Empfindungen – z.B. einem Partner gegenüber – zu integrieren: Beides zugleich ist möglich.

Beide Begriffe haben etwas gemeinsam: Sie weisen auf die Widersprüchlichkeit und die Mehrdeutigkeit hin. Die Ambiguitätstoleranz beschreibt die Fähigkeit zum Ertragen von Vieldeutigkeiten in der Wahrnehmung; dies sowohl auf emotionaler wie auf kognitiver Ebene. Gerade kreative Persönlichkeiten (u.a. Künstler) sind in der Lage, zum gleichen Tatbestand unterschiedliche Wertgeltungen zu erkennen und anzuerkennen. So sieht man z.B. beim Tages-Wetter neben den Nachteilen zugleich auch die Vorteile (Regen, Hitze ...) und erkennt die Notwendigkeit des langfristigen Wetterwechsels für das Weltklima.

Die Ambivalenz beschreibt zwei widersprüchliche Strebungen gleichzeitig: Man kann eine Person lieben und zugleich hassen (Hassliebe). Ein Gericht schmeckt süß-sauer. Man erlebt Ekel (z.B. bei einem Unfall) und zugleich bleibt man neugierig stehen (Ekel-Gier); es gibt die „Grusel-Lust“ bei der Geisterbahn oder man möchte etwas tun und zugleich doch wieder nicht (Willensregungen). Wir verehren und bewundern einen Menschen und beneiden ihn zugleich. Die vorgeschriebene Form (der Rahmen beim Bild, die Struktur bei einem Gedicht) engt ein und gibt zugleich hilfreiche Grenzen. In extremer Ausprägung kann diese „lähmende Gefühlslage“ Bestandteil einer einschnürenden Zwangsneurose oder des schizophrenen Krankheitsbildes werden bzw. sein.

Es ist diese Widersprüchlichkeit und die Mehrdeutigkeit, die uns Menschen auszeichnet: Wir sind nicht eindeutig so und nur so. Wir sind immer auch ganz anders. Und so ist auch die Welt. Immer wieder müssen wir Entscheidungen treffen: nämlich das Eine tun und das Andere lassen.

Andere Menschen

Nichts ist für uns interessanter als andere Menschen. Seit Menschen sprechen gelernt haben, haben sie auch ihren Wortschatz zur Beschreibung ihrer Mitmenschen ungemein erweitert. Die Prädikate, mit denen wir andere Menschen „beschreiben", gleichen Etiketten, die wir irgendwohin kleben und meinen, nun zu wissen, was, wo und wie ist. Wir benutzen Substantive: Spinner, Blödmann, Schatz, Lady, Krimineller, Streber, Geizhals, Freund ... Und wir haben eine Unzahl von Adjektiven, die es uns ermöglichen, Menschen zu „kennzeichnen". Da ist jemand herrschsüchtig, intelligent, liebevoll, gehässig usw. Alle diese Begriffe tragen – je nachdem, mit welcher Stimmführung und in welcher Situation man es sagt – in sich eine Wertung. Zugleich setzt man das Benehmen oder Verhalten der anderen Person in Beziehung zu sich selbst: Man überhöht sein Klavierspiel und damit ihn, oder man verachtet seine geldgierige Mentalität. Immer glaubt man zu wissen, wie sich der andere geben, was er denken oder fühlen soll(te). Die Psychologie spricht hier von „Deutungsirrtümern". Bezugsgröße ist man selber. In diesem „phänomenalen Absolutismus" belastet oder zerstört man Beziehungen durch die eigene Überheblichkeit und angebliche Besserwisserei.

Zwei – zugegeben schwierige – Wege gibt es aus dem Dilemma. Man hört grundsätzlich auf, „Gütesiegel" zu verteilen, und beschreibt lediglich das beobachtete Verhalten, ohne eine tendenzielle Wertung. („Herr X hat sich ein neues Auto gekauft, einen silberfarbenen Mercedes ..." oder: „Petra trägt jetzt auch die modernen Jeans ..."). Die Verhaltensbeschreibung kommt ohne die Zuschreibung von wahrscheinlichen oder vermuteten Motiven aus. Darüber kann man zwar spekulieren – aber dieses gibt eher Auskunft über eigene Vorlieben als über die wahrscheinlichen bzw. vermuteten Motive der beschriebenen Person; denn die können wir zumeist gar nicht wissen. Man könnte (bescheiden) sich selbst fragen: „Ich würde schon gern wissen wollen, warum er/sie das tut!?"

Der zweite Weg ist auch nicht einfach: Man nimmt das Verhalten des anderen zur Kenntnis, o h n e Kommentar oder Wertung. Man denkt nicht einmal, dass das Verhalten gut oder schlecht, vernünftig oder unangemessen sei ..., man stellt nur fest, dass es a n d e r s ist, als man es selbst in einer angeblich ähnlichen Situation wohl täte. Dieses wertungsfreie Zur-Kenntnis-Nehmen ist die Grundlage von Respekt und Toleranz. Das bedeutet nicht, dass man sich der eigenen Meinung enthalten sollte. Aber man kann lächelnd sagen: „Das ist anders." In der Andersartigkeit und der Vielfalt der Wertvorstellungen liegt ein Reichtum, und wenn man sich wechselseitig toleriert, ist das die Basis für Frieden.

Anfangen

Nichts macht den Prozess des Anfangens deutlicher als der Satz: „Eine Reise von 1.000 Meilen beginnt mit dem ersten Schritt.“ In unserer schnelllebigen Zeit haben viele Menschen mit dem Anfangen ihre Schwierigkeit: Alles geht ihnen zu langsam, aber ein schwerer Zug oder ein Ozeanriese setzen sich auch nur langsam in Bewegung. Ja, das Anfangen will wohl überlegt und geplant sein, wenn das Werk gelingen soll; denn jeder unüberlegte Anfang kann leicht teuer enden.

Wir haben ein Ziel und einen Plan. Das ist mehr, als nur einen Vorsatz zu formulieren. Wir können uns das richtige Werkzeug zurechtlegen, uns einen realistischen Zeitplan gewähren und uns von der Vor-Freude des Abschlusses tragen lassen. Auf dem Weg zum Ziel benötigen wir Geduld und „Sitzfleisch“. Das Bonmot eines Künstlers: „Maximal 10 % Inspiration; 90 % Transpiration“ gibt einen Hinweis auf die Verteilung der Kräfte, um das Gelingen zu ermöglichen. Das Bohren von „dicken Brettern“ in der Politik oder Pädagogik und in der Forstwirtschaft, in der Entwicklungshilfe oder bei der Resozialisierung ... betrifft eigentlich alle Bereiche, in denen man längerfristig denken und handeln muss. Dazu gehört auch unser eigenes Leben. Immer wieder gibt es darin Phasen, Abschnitte und Ereignisse, die es erfordern, „neu anzufangen“. Der Dichter Hermann Hesse sagte: „Jedem Anfang wohnt ein Zauber inne“ und meinte damit bestimmt auch, dass wir nach dem Bewältigen einer Aufgabe oft andere sind, als wir vorher waren.

Was hindert uns oft, anzufangen? Warum schieben wir gerade etwas unliebsame Pflichten gern auf? Ist der erste Schritt wirklich so schwierig, wie wir oft befürchten? Fehlt es uns an Einsicht oder an Disziplin? Sind wir uns nicht genügend klar darüber, wie gut es tut, etwas geschafft zu haben? Der Lebensgenuss ist dort besonders hoch, wo man nach einer Anstrengung das Ziel möglichst mit eigenen Kräften erreicht hat (z.B. Bergsteigen). Wir bewundern Menschen, die mit Engagement, Kompetenz und Selbstdisziplin „Großes" geleistet haben – in der Wissenschaft als Forscher, im Sport als „Sieger", den Solisten in der Musik, den Schriftsteller, der uns ein Buch schenkt ... Aber es sind auch die Menschen, die jeden Tag neu die Kinder für die Schule fertigmachen, den Haushalt in Ordnung halten oder aber ihren Aufgaben im Pflegebereich usw. nachgehen. Immer wieder – und immer wieder neu. Respekt! Jedem Vollenden wohnt eben auch ein eigener Glanz inne.

Angler

Angler sind zu bewundern. Wir können uns an ihnen ein Beispiel nehmen. Sie sind ruhig, sitzen friedlich im Schatten unter Bäumen am Wasser und können warten. Sie sind Experten fürs Geschehenlassen. In Zwiesprache mit den stummen Fischen bieten sie ihnen fette Maden, Fliegen, Würmer, Brot ... zum Fraß an, um sie selbst, nachdem sie angebissen haben, als Beute auf ihren Teller legen zu können. Ist die Jagd auf das Opfer schöner als die Beute selbst? Ist das ein „fairer" Kampf?

Angler – anders als Fischer – sind verschwiegene Menschen. Haben sie sich vor der Welt – auf Zeit – zurückgezogen? Sind sie am frühen Morgen aus ihrem Bett geflohen, um in ihren Klappstühlen die aufgehende Sonne dem Anblick des erwachenden Partners vorzuziehen? Am Abend trinken sie ihr Anti-Mücken-Bier schweigend, jedem Palaver ausweichend, meist allein, am Kanal, am Bach- oder Flusslauf, am See. So entgehen sie allem Streit unter Menschen, sind ganz in sich hineingestülpt ... Forelle, Barsch, Hecht oder Karpfen sind ihnen „Gesprächspartner" genug.

Des einsamen Fisch-Jägers Handwerkszeug, neben seiner Fähigkeit zur Geduld, sind Rute und Haken. In kluger Beobachtung des Wassers wartet er aus Erfahrung auf den Biss als einer archaischen Achtsamkeitsübung – immer wieder. Nie ist das Sitzen „umsonst": In freundlicher Zweisamkeit mit der Natur und sich selbst lässt er geschehen, was geschieht. Er kann nichts beschleunigen. Stumm ist sein Dialog mit dem Fisch – aber wohl nicht gedankenlos. Wie mag das Flossentier den Angler am anderen Ende des fleischbehangenen Hakenfadens erleben? Ahnt er von der Tücke der Verführung? Weiß er darum, dass er möglicherweise sein Leben der Versuchung opfern wird? Ganz sicher will er wohl dem Angler keinen Gefallen tun. Es gibt keine Solidarität zwischen Jäger und Beute: Jäger- und Anglerlatein? Des einen Erfolg, ist des anderen Schicksal. Aber nur beim Fisch geht es um Leben und Tod – und naiv könnte man sagen: *Nur die Dummheit der Fische macht uns satt.*

Atem

Im Einatmen lassen wir die Welt in uns hinein. Im Ausatmen werfen wir uns hinaus in die Welt und drängen ihr unseren kleinen Stempel auf. Mit einem tiefen Atemzug betreten wir die Welt der Menschen. Es ist unsere erste „Aufgabe“, die wir aktiv vollbringen müssen. Im Atmen sind wir Mitgestalter der Atmosphäre. Die Griechen sahen in diesem Atem-Hauch die Basis des Lebens. Wir können nicht die Luft anhalten; wie wir nicht über den Augenblick, der uns geschieht, nachdenken können, weil er schon vorbei ist, wenn wir ihn denken. Wer seinen Atem vollständig kontrollieren und gar bestimmen will, zerstört möglicherweise gerade dadurch dieses „absichtslose Geschehenlassen“ des ewigen Gebens und Nehmens. Wir leben von den Ausscheidungen der Pflanzen. Sie stellen ein unermessliches Reproduktionssystem dar (im Gegensatz zum „Verbrennungssystem“ der Tiere und der Menschen).

Der Atem berührt jedes Organ im Körper – er fließt hin und her und gewährleistet Lebendigkeit. Ohne ihn wäre nichts möglich in unserem Leben – er ist die elementare Bewegung des menschlichen Körpers. Er ist mit allem Anderen verbunden – und doch etwas ganz Anderes als der Geist. Wir kommen nur so weit, wie unser Atem reicht – wohingegen der Geist dem synthetischen Erkennen z.B. von Ideen ganz andere Dimensionen öffnet. Wie Atem uns durchspült, entfaltet sich der Geist zwischen dem Ich und dem Du. Das Lebendige der Welt können wir aber nur eratmen; die Welt ist Atem. In diesem Atmen genießen oder erleiden wir sie. Wir hecheln aufgeregt, halten kurzfristig die Luft an, wenn es spannend wird. Wir singen in der Gemeinschaft und lachen oder schluchzen. Unsere „Atem“-Stimme verrät unsere Stimmung. In Lust und Leid atmen wir synchron mit anderen Menschen.

Wahrscheinlich atmen wir sogar – nach der Gaia-Hypothese – im Atemstrom des Weltalls. Wir sind in uns stimmig, wenn Geist, Wort und Tun miteinander auf einem ruhigen Atem schwimmen. Ist es nicht ein herrliches Gefühl, nach einem aktiven Tag abends im Bett zu liegen und noch einige Male tief auszuatmen?

Mit einem „letzten Atemzug", einem letzten Ausatmen endet auch unser Leben. Das ist nur selten leicht.

Ausnahmen bestätigen die Regel

... sagt der Volksmund. Aber was bedeutet das eigentlich? Regeln sind u.a. Vereinbarungen über ein bestimmtes Verhalten in gewissen Situationen. Damit sind keine „Naturgesetze“ oder gesetzliche Vorschriften gemeint, sondern Übereinkünfte, die eine gewisse kulturelle Bedeutung für das Zusammenleben haben. Ein Spiel (z.B. Schach oder Fußball) benötigt Regeln, damit es überhaupt gelingen kann. Regeln können zu Gesetzen werden (z.B. Verkehrsregeln), um in einer Massengesellschaft Chaos zu verhindern. Regeln stellen das „Geläufige“ dar – das, was „schon immer so war“ oder sich regelmäßig und in gleicher Form abspielt. Alle Berufe und Lebensbereiche sind durch spezielle Regeln eingebunden und gekennzeichnet. Regeln haben die Eigenschaft, verlässlich zu sein; sie dienen dem Gefühl der Verhaltens-Sicherheit.

Aber: Es gibt dabei ein großes ABER! Regelverletzungen (vor allem durch junge, kreative Menschen) stellen die bestehenden Regeln auf den Prüfstand. Im Benehmen, bei Ritualen, durch Kleidung und (wissenschaftliche) Zweifel bestehen Rahmenbedingungen, die sich bisher bewährt haben – aber sie kommen meist aus einer Zeit, die längst vergangen ist. Neuerungen, kreative Rezepte, technische und künstlerische Neuentwicklungen usw. entstehen aus Abweichungen oder Erweiterungen bestehender Regeln. Wenn sich derartige „Provokationen“ bewähren, d.h. Nutznießer, Nachahmer, Profiteure ... finden, werden sich auch die „alten Regeln“ verändern. Bewährt sich Neues nicht, wird umso leichter die alte Regel wieder gefestigt. Das ist wohl der Sinn des Gedankens in der Überschrift: Die Ausnahme wird – je nach Situation – geprüft und gewichtet. Selbst der rücksichtslose Verkehrsrowdy trägt dazu bei, dass man sich empört und auf die guten Sitten im Straßenverkehr besinnt. Die Hüter der Regeln sind auf Regelübertreter angewiesen. Gäbe es keine Abweichungen mehr, erübrigten sich die Regelsysteme.

Stures, zu stricktes Beharren auf traditionelle oder in einer bestimmten Situation unsinnige Regeln dient nicht in jedem Fall dem Zusammenleben – und verhindert angemessene Entwicklungen. Wir sind als Individuen alle täglich „kleine Regelübertreter“, die sich ihr eigenes „Gesetz“ machen. Wer aber Regelverletzungen zur Gewohnheit, also zur Regel macht, gefährdet das oft bewährte und zuweilen sorgsam ausbalancierte System des Zusammenlebens, bringt es ins Wanken. Nur der Eremit, der Weise, der Yogi ... kennt alle Regeln und beachtet sie nicht (mehr).

Berührung

Der Tast- und Berührungssinn ist der älteste und wichtigste der Sinne. Er stirbt auch zuletzt. Kinder, die voller Liebe regelmäßig geknuddelt werden, gedeihen besser. Sie lechzen nach Zärtlichkeit. Streicheln und gestreichelt werden, Wiegen, Schaukeln und Küssen sind zwischen Müttern und ihren Kindern üblich und normal. In unserer Kultur hindert uns ein Rest an Puritanismus daran, uns vor anderen nackt zu zeigen oder uns sinnlich zu berühren. Dies bleibt meist nur einer intimen Beziehung vorbehalten. Wir verfügen in unserer Sprache über viele Metaphern, die Vorgänge des Berührens, Tastens und Spürens erklären.

Als Kinder wird uns früh beigebracht, was wir alles n i c h t berühren dürfen. Jungen lernen (eher als Mädchen), dass der nahe Hautkontakt zu anderen Menschen unschicklich sei. „Noli me tangere“ – *berühre mich nicht* –, hat Jesus am Ostermorgen, so überliefert es das Johannesevangelium, zu Maria Magdalena gesagt, um sie auf seinen neuen Status als den Auferstandenen hinzuweisen.

Wenn etwas in unserem Innersten eine besondere Wirkung zeigt, sind wir berührt. Vor Rührung können wir weinen. Manchmal sind Argumente greifbar und nachvollziehbar, zuweilen treffen sie ins Schwarze *(„touché“)* und erschüttern eine Beziehung. Mit Fingerspitzengefühl gehen wir schwierige Situationen an. Und unsere empfindlichsten Körperregionen (Fußsohlen, Klitoris, Penis, Brustwarzen, die Handflächen, Zunge und Fingerspitzen) sind Quellen von Lust und besonderem Schmerz. Flüchtige Berührungen – wie die sorgende Hand auf der Schulter – genügen, um Zuneigung und Beruhigung zu signalisieren. Im Kuss auf die sensiblen Lippen eines geliebten

Menschen öffnen wir die meist versiegelte Festung des verborgenen Körpers.

Rodins berühmte Skulptur *Der Kuss* zeigt ein Paar in zärtlicher und kraftvoller Umarmung. Es ist ineinander versunken. An Schultern, Händen, Beinen, Hüften und Brust berühren sich die Liebenden und besiegeln ihre Liebe im Kuss. Selbst in Stein geschlagen, atmet jede Pore Ekstase. Sie sind sich so nah – und alles andere scheint fern. Was uns innerlich anrührt, bildet uns.

Wir wünschen uns liebevoll angefasst oder erfasst zu werden. Jedes Härchen auf der Haut will angerührt sein. Die Berührung wird als Bewegung weitergeleitet und stimuliert unser inneres Wohlbefinden. Das Mitfühlen hilft uns, unseren Weg durch die zuweilen dunkle und kalte Welt zu finden. Wir spenden Trost und profitieren zugleich von dieser Interaktion.

Bildung

Andere Menschen bilden uns aus: Wir können etwas. Bildung tun wir uns selbst an: Wir werden etwas.

Ausbildung schafft Können und ist die Grundlage für Handlungen. Bildung ist Annäherung an ein Weltverständnis: Verstehen bedeutet das Bemühen, auch andere Sicht- und Erlebensweisen nachvollziehen zu können. Die Welt und alle auf, über und in ihr stattfindenden Prozesse können wir (als Laien) wohl nur annäherungsweise begreifen. Weltverstehen heißt, Wertigkeiten bzw. Wichtigkeiten in ihrer Bedeutung für mich, für die Menschen zu erkennen. Dabei wird immer ein guter Rest Unklarheit bleiben – und was ich (angeblich) weiß, sollte ich im größeren Zusammenhang auch belegen können. Das allein führt bereits zu einer zurückhaltenden Bescheidenheit.

Alle Erkenntnisse stehen in einem historischen und gesellschaftlichen Kontext; der Respekt denen gegenüber, die unsere Kultur geschaffen haben, ist ein Kennzeichen des Gebildeten. Nur aus unserer Geschichte heraus haben wir gelernt, welche Werte uns/mir etwas bedeuten. „Große Geister" und mutige Frauen und Männer haben für die Möglichkeiten, die wir heute haben, gekämpft, gelitten und sind in vielen Fällen für ihre Überzeugungen gestorben. Andere Kulturen haben andere Entwicklungen genommen. Auch dies gilt es zu respektieren. Es gibt keine Gründe für Überheblichkeiten.

Die Kultur ist dem Gebildeten nicht nur amüsanter Zeitvertreib, sondern ein Garten der Erbauung – ein altmodischer Begriff für das, was uns erhebt, was heilsam und nützlich für uns ist, was uns in einem positiven Sinn verändert. Ein kultivierter Mensch kann über sich, seine Gefühle und Absichten sowie über die Welt interessant und kritisch-wohlwollend erzählen. Er hat eine Haltung, die sich in allen seinen Lebensäußerungen zeigt. Dabei stellt er sich nicht in den Mittelpunkt. Die Selbsterkenntnis beinhaltet das Wissen um die eigene „Unvollendetheit" – hier wiederum eine Selbstbescheidung oder Genügsamkeit im Wissen darum, wie alles „wirklich" ist. Im Fühlen, Denken und Wollen wird zwar die eigene Sicht genannt („Nach meiner Kenntnis hat es sich so ... zugetragen" oder: „Was ich darüber weiß, lässt für mich den Schluss zu, dass ..."), aber eben stets als persönliche Erfahrung in die Diskussion eingebracht. Der Rabulist will nur seine „Wahrheit" kennen und gelten lassen.

Ein weiterer, wesentlicher Aspekt von Bildung ist die Fähigkeit zur Selbstbestimmung in Gedanken und Taten. Solange wir – kindlich – den unterschiedlichsten Beeinflussungen unterliegen, können wir nicht über unsere seelische Gestalt selbst entscheiden. Unser Selbstbild ist fließend und damit sind wir in der Lage, uns im Verlauf der Reifung zu verändern. Das Akzeptieren der Meinung anderer und die Bewahrung seines eigenen (momentanen) Standpunktes erfordert ein ständiges Ausbalancieren. Man muss nicht mit allem einverstanden sein. Nähe und Abgrenzungen sind die Stellgrößen für ein gelingendes Leben. Wir sind gern mit gebildeten Menschen zusammen, weil sie mit ehrlichem Interesse versuchen, sich in andere Personen hineinzuversetzen. („Wie wäre ich, wäre ich in ihrer Lage?")

Ein gebildeter Mensch setzt sich in unserem Kulturkreis für Werte ein: z.B. für Menschenrechte, Bildung, Respekt gegenüber den/dem Fremden und Selbstbestimmung. Voller Ehrfurcht gegenüber der Natur empfindet er sich als ihr Gast und Bewahrer. Unsere Bildung zeigt sich in unserem Verhalten, in unseren Taten – und die sind Ausflüsse unserer Gedanken. Hier werden hundert Gedankenfelder zum Weiterdenken angesprochen ...

Was kann Bildung – etwas konkreter – bedeuten? Der Schweizer Philosoph P. Bieri hat dazu einige grundlegende Gedanken beigetragen.

Aus einem gebildeten Menschen kann ein weiser Mensch werden, wenn er in der ergrauten Tatenlosigkeit des Alters zu allem, was geschieht, lächelt, ohne allem zustimmen zu wollen.

Blöde

... ist ein von vielen Menschen häufig benutztes Wort. Der blöde Tisch, an dem man sich stieß. Der blöde Autofahrer vor mir, das blöde Wetter, die blöde Kuh, eine blöde Situation, das ist blöd gelaufen, ich habe mich da blöd angestellt (immerhin eine Einsicht!) Aber auch: Wir haben rumgeblödelt, ich habe mich nicht entblödet (doppelte Verneinung) ...

Wahrscheinlich verstehen wir heute unter diesem Begriff nicht mehr das ursprüngliche „schwach, unwissend oder furchtsam", sondern eher die Abwertung einer Sache oder Situation, mit der man nicht zurechtkommt. Dabei externalisiert man gern „die Schuld". Nicht i c h komme damit nicht klar, sondern die Situation oder die Sache oder Person verunmöglicht es mir.

Leicht neigen wir auch dazu, etwas, was wir nicht gut finden, zum höheren oder blühenden Blödsinn abzuwerten. So werden Misserfolge und Versagen angeblich erklärt, ohne dass man bekennen muss, dass man nicht über die Fähigkeiten verfügt, die beschriebene Situation angemessen zu bewältigen. Psychologisch sprechen wir von fehlender Kontrollüberzeugung, von übersteigertem Selbstvertrauen oder von einer Überheblichkeit (nein, kein Widerspruch!) und einer mangelhaften Fehlerkorrektur: Man meint, alle und alles müsste so sein, wie man das gerne hätte (verdammt noch mal!). Ehrlicher wäre es zu sagen: „Ich war der Situation nicht gewachsen ..." oder: „Ich habe nicht aufgepasst". Aber wer sagt das schon gern?

Gut bekannt ist auch, dass es Menschen gibt, die in schwierigen Lagen oder bei kniffligen Fragen gern in „Blödelei" ausweichen. Dann wird etwas ins Lächerliche oder Bedeutungslose gezogen oder man erkühnt sich, die Ernsthaften bloßzustellen, sie dem Gelächter preiszugeben. Dabei kann Blödeln Spaß machen – wenn es nicht auf Kosten „Schwächerer" geht. Blödeln könnte man psychotherapeutisch gern Depressiven oder Melancholikern verschreiben.

Es mag eine Angewohnheit sein, dass man „blöde" zu allem sagt, was einem nicht gefällt – aber unbewusst bringt man sich damit immer auch in eine Opferrolle: „Ich konnte nichts machen ..." Es liegt nicht am Fettnäpfchen, in das ich immer wieder tappe – sondern daran, dass ich die falschen Wege gehe. Wollen wir wirklich dem Schirm oder dem Wetter die Schuld geben, dass ich beim plötzlich einsetzenden Regen nass wurde? Für wie blöd hält man sich eigentlich zuweilen selbst?! Andererseits zeugt es von sozialem Mut, sich nicht zu entblöden, sich also auch in ungewöhnlichen Situationen gegen die Meinung der Mehrheit oder des Zeitgeistes zu äußern oder zu verhalten.

Ein gebildeter Mensch wird das Wort „blöde" wahrscheinlich aus seinem Sprachschatz streichen.

Charakter

Was einen Menschen von anderen unterscheidet und was ihn speziell kennzeichnet, nannte man früher „Charakter" (griech. „das Eingeprägte"). Der Begriff war damals an Körperbau und Körperfunktionen angelehnt; und er war eher an der jeweiligen Gemütsverfassung der Person orientiert. Heute definiert die Psychologie „Menschentypen" auf der Grundlage gemeinsamen Erlebens und Verhaltens. Aber noch immer schwingt im Wort Charakter eine positive Konnotation mit. Die fünf Grundachsen der Persönlichkeit sind nach neuesten Forschungen: Extraversion, Neurotizismus, Verträglichkeit, Gewissenhaftigkeit und Offenheit für neue Erfahrungen. Der jeweilige Ausprägungsgrat zwischen zwei Eigenschaftspolen definiert die Persönlichkeit. Es sind oft die so genannten Sekundärtugenden (Fleiß, Ordnung, Selbstdisziplin ...), die einen besonders zuverlässigen Menschen auszeichnen. Auf die Person eines Menschen bezogen bezeichnen wir mit Charakter etwas Verlässliches, Berechenbares und Stabiles. Ein charakterstarker Mensch hat klare Werte, nach denen er lebt, und er verfügt über den Willen und die Fähigkeit, diese Werte auch unter schwierigsten Bedingungen nicht aufzugeben. So sagen wir zwar oft, dass sich der Charakter eines Menschen erst in der Not erweist – aber richtig ist wohl auch, dass er sich erst im Glück zeigt.

Menschen, die ihr Mäntelchen nach dem Wind richten, die dort, wo andere ein Rückgrat haben einen „Gartenschlauch" besitzen, die mit einem „höheren Posten" auch andere Einstellungen und Verhaltensweisen pflegen, sind keine charakterlichen Vorbilder. Ja, ein guter oder starker Charakter kann zuweilen sogar den beruflichen Erfolg außerordentlich behindern (nach B. Shaw). Schon als Kind lernen wir, was Wahrhaftigkeit bedeuten kann. Später müssen wir oft zwischen Gefühl und Verstand vermitteln, um der zu bleiben, der wir sind. Man kann auch sagen: Charakter ist die Unfähigkeit, anders zu sein.

Längst wird dieser Begriff aber auch zum Markenzeichen – für guten Wein, für einen besonderen Duft oder für ein landestypisches Essen usw. verwendet. Hier handelt es sich dann eher um markante Eigenschaften, die etwas Besonderes kennzeichnen sollen.

Charisma

Da betritt eine Person den Raum, und alle wenden sich ihr zu: Ungeteilte Aufmerksamkeit, ohne dass sie etwas getan oder gesagt hat. Es ist die Erscheinung, die Art des Auftretens, eben die Ausstrahlung, Charisma. Neusprachlich sind es „follower", die andere Menschen in ihren Bann zu ziehen vermögen. Was haben sie, was andere nicht haben? Es muss weder Schönheit noch Intelligenz sein. Es sind auch selten Äußerlichkeiten beziehungsweise Alters- oder Geschlechtsmerkmale. Kleine Kinder haben zuweilen Charme und Anmut, und wir können uns dem kaum entziehen. Es ist eine sanfte, leise „Macht", die von solchen Menschen ausgeht.

Es sind einige Kriterien, die eine charismatische Führungspersönlichkeit auszeichnen. Sie werden in ihrem Wesen als „stimmig" erlebt. Sie strahlen eine souveräne Ruhe und Überzeugung aus. Damit ist die Wechselseitigkeit angesprochen: Auch das Gegenüber muss bereit sein, sich „in den Bann" solch eines Menschen ziehen zu lassen. Die Masse hat immer ein Bedürfnis nach „Anbetung" (Hosianna) – aber eben auch, bei starker Enttäuschung, die Lust an „der Kreuzigung". Eine *charismatische Person* kann begeistern, weil sie eine geistige Entschiedenheit in sich trägt, die sich auch in einer eindeutigen und unerschütterlichen Körpersprache als Aura der Gelassenheit mitteilt. Als brenne ein Feuer im Inneren, strahlt Überzeugung als „Licht" und „Wärme" nach außen. Ihre Klarheit und Entschiedenheit hat etwas Ansteckendes. Sie fühlt sich nicht als Opfer, sondern als Person, die auch zum riskanten Handeln bereit ist. Oft äußern sich die Eigenschaften in der Stimme und dem angemessenen Ausagieren von Gefühlen. Ihre Vitalität lässt keinen Trübsinn zu.

Politische Führer verfallen leicht dem Bedürfnis, Massen zu begeistern. Aus der Geschichte wissen wir, dass solche demagogischen Ver-Führer Gruppen wie Massen auch zu den größten Schandtaten manipulieren können. Die Werbung hat sich längst der bekannten und „attraktiven Modelle“ bemächtigt. Sie sollen die Kaufentscheidung beeinflussen – und selbstunsichere Konsumenten fallen gern darauf herein. Es genügt uns aber schon, wenn wir mit charmanten, liebenswürdigen und freundlichen Menschen zusammen sein können, denen wir vertrauen – und die uns wegen ihres Wesens und Auftretens sympathisch sind.

Corona-Abstand

„Das Berühren der Figüren mit den Pfoten ist verboten“, pflegte meine Großmutter Frieda zu sagen, wenn ich bestimmte Dinge nur mit den Augen „anfassen“ sollte oder durfte. Wie schwer mir das oft fiel, als ich klein war. Erwachsen geworden bin ich in vielen Dingen doch Kind geblieben: Etwas Schönes anzufassen, in die Hand zu nehmen, Struktur, Beschaffenheit und Profil ... zu spüren. Das tut gut! Aber ganz besonders geht es mir bei lieben Menschen so: Ohne „Anfassen“/Händedruck, Umarmen, körperliche Nähe und Blick in die Augen ... erlebe ich „Entzug“. Hinzu kommt nun – im „Zeitalter Corona“ – die Gewohnheit, medial zu kommunizieren. Kurze Nachrichten, zuweilen ein Bild ... Ich empfinde eine Verarmung der Beziehung.

Der Mensch will Berührung oder Berührtsein/Rührung erleben. Er will Anteilnahme und körperlich wie geistig zur Kenntnis genommen werden. Er möchte „erfasst“, gehalten, geführt, bewegt und begehrt werden. Alle diese Empfindungen drücken sich körperlich aus, d.h. ein beobachteter, erlebter, erhoffter, befürchteter oder heftig gewünschter Zustand bewirkt im Körper eine Reaktion auf den sensorischen Stimulus. Neben den Sinnesorganen ist die Haut unser größter Sensor in die Umgebung. Und das größte Lust- oder Angstobjekt für den Menschen ist der andere Mensch – in seiner Brutalität und in seiner erotischen Zärtlichkeit; in seiner Rage und in seiner gelassenen Ruhe. Nichts ist uns Menschen interessanter als der „andere Mensch“.

Nun sollen/müssen wir Abstand halten. Kein Hautkontakt, kein Streicheln, keine herzliche Umarmung, keinen Kuss, kein „tiefer Augenblick“ ... Die Digitalisierung der Kommunikation ist ein weiteres Faktum, das „Nähe nur auf Abstand“ ermöglicht. Piktogramme, Smilies ... sprechen völlig verkürzt aus, was man sich denken darf oder lieber nicht!

Menschen wollen „Rührung“, „Anrührung“, Berührung – von klein auf bis aufs Sterbelager. Sie nehmen Anteil an „rührenden“ Geschichten und Bildern – vom Kindchenschema bis zur Soap der Royals, vom Sex-Porno bis zum spektakulären Krimi ... Geburt und Tod (Feiern), Gedenktage, Jubiläen und Rituale berühren die Seele. Mitleiden und – besser – Mitfühlen ist uns ein Anliegen. Alles, was „unter die Haut geht“, hat eine hohe Bedeutung für das Gefühl der Lebendigkeit. Die zwei Quadratmeter große Haut macht 17 % unseres Körpergewichts aus, und sie ist das „Aushängeschild“ unserer Befindlichkeit. Gegen „Eindringlinge“. Und sie ist die erste „Verteidigungslinie“. Die gesunde Haut ist rein, glatt und drängt zum Anfassen, zum Streicheln (Kinderpopo). Auch wenn die Haut bei manchen älteren Menschen zum persönlichen Feind wird, bleibt sie doch für Berührungen und gutes Wohlbefinden von entscheidender Bedeutung. Die Hände – außen ledrig, innen empfindsam und voller Schweißdrüsen – sind lautlose Kommunikationsinstrumente: liebevoll, zärtlich oder zupackend. Sie können auch zu massierenden Werkzeugen werden. In meiner klinischen Zeit hatte ich stets guten Kontakt zu den „Masseuren“, wenn wir gemeinsame Patienten hatten: Auf der Massagebank, unter den Händen des Physiotherapeuten war eine „andere Gesprächsbereitschaft“ gegeben.

Mit den Fingernägeln kratzen und „lausen“ wir uns (wechselseitig?).

„Corona“ will Hygiene, Abstand, berührungslose Mechanik und verhindert – zu großen Teilen – Gemeinschaft. Man weicht einander aus. Die gesundheitsförderliche Berührung bei Angst, in der Liebe, beim mutmachenden Begleiten, beim Einüben in Fertigkeiten ... entfällt in weiten Bereichen.

Es ist ein Dilemma, dass man sich an die „Berührungslosigkeit" rasch gewöhnen kann – und es dann für normal hält, also keinen Mangel erlebt (Singles oder ältere, verwitwete Menschen). In bestimmten Kreisen geht es steif, förmlich, emotionsblind und „immer korrekt" zu – ja keine Gefühle zeigen, keine Berührungen und keine Thematisierung von Empfindungen: steril, antiseptisch, unbeeinflusst und impotent. (Man nennt das dann Selbstbeherrschung und Kontrolle!)

Danke

Der kultivierte Mensch ist grundsätzlich dankbar. Dankbare Menschen richten ihre Aufmerksamkeit mit der Haltung von Anerkennung und Wertschätzung auf das Positive in der Welt. Natürlich richtet sich Dankbarkeit vor allem an andere Menschen. Aber man kann auch dankbar sein für ein bestimmtes Lebensereignis oder einem Tier oder Gott gegenüber. Auch sich selbst und seinem Leben gegenüber kann man dankbar sein. Vor der Gewissheit der Endlichkeit des Lebens richtet sich der dankbare Blick vor allem auf das, worüber man verfügt (Talente, Gesundheit, Freude ...) und was man erleben kann – und diese Dankbarkeit kann und möchte man auch ausdrücken.

Dankbarkeit ist sowohl eine affektive Disposition als auch ein Gefühl, das durch empfangenes Wohlwollen, Beachtung und Wertschätzung ausgelöst und verstärkt wird. Von Bedeutung ist dabei, dass man die Absicht des „Wohltäters" als vorwiegend uneigennützig einschätzt, seine Empathie empfindet und nicht in erster Linie eine Gegenleistung erbringen muss! Es gibt zwar – und das ist durchaus ansteckend – eine ungeschriebene Regel, dass man eine Wohltat durch eine „Gegenleistung" ausgleicht. (Man möchte nichts schuldig bleiben). Dies ist – evolutionär betrachtet – eine Verhaltenstendenz, die das Netzwerk positiver, verbindungsstiftender Ressourcen stärkt. Eine Hilfskultur Menschen gegenüber gelingt dort besser, wo Vertrauen und Vorbildfunktionen in überschaubaren Gemeinschaften üblich sind. (Heute rufen wir verstärkt nach Hilfe durch Institutionen und „den Staat").

Der Individualismus, das Gefühl der Selbstgenügsamkeit, das Bedürfnis nach völliger Unabhängigkeit und das Bestreben nach dem, was man Materialismus nennen könnte, zerstört einen Lebensstil, in dem Hilfsbereitschaft und Dankbarkeit eine beziehungsstiftende Rolle spielen. Undank ist die Unfähigkeit, etwas von der empfangenen Freude oder Liebe zurückzugeben, weil man dann das Empfinden haben könnte, abhängig oder verpflichtet zu sein oder zu werden.

Studien haben nachgewiesen: Dankbare Menschen sind gesünder, schlafen besser, leben emotional lebendiger und sind als lebensfrohe Partner besser zu ertragen. Sie haben weniger Angst, weniger psychische Störungen und können mit Stress sehr viel besser umgehen.

Denken

Viel Abstruses geschieht zurzeit auf der Welt: Globalisierung, Wachstumsideologie „über alles“, Künstliche Intelligenz (KI), Kriege, Völkerwanderungen, Hungerepidemien ... Können wir das noch alles verstehen und nachvollziehen? Wohl kaum. Außerdem werden wir von unglaublich vielen Informationen überschwemmt – teilweise widersprüchlich, teilweise schlichtweg falsch oder manipuliert, teilweise wohl auch richtig. Aber es ist wie bei Goethes Zauberlehrling: Den verhexten Besen kann er „anstellen“ – aber als das Wasser nicht aufhört zu fließen, kann er ihn nicht mehr abstellen. Bricht unsere menschliche Intelligenz (MI) unter den superintelligenten Maschinen und Robotern zusammen? Nein!

Die von Menschen programmierten Maschinen denken nicht. Die Technik folgt streng logischen Schaltkreisen, ohne ein eigenes Bewusstsein zu haben oder zu zeugen. Unser hochkomplexes Gehirn ermöglicht uns, ein eigenes „Menschenbewusstsein“ zu haben, das uns zum selbständigen Denken befähigt. Neben unseren Sinnesorganen ist es das Denken, das uns die Welt erschließt. Das Denken ermöglicht es uns, „Wirklichkeiten“ zu denken, die es als dingliche Existenz in der Realität gar nicht gibt. Wir können Freiheit denken oder Liebe oder Würde, Menschenrechte, Kreativität oder Zukunft ... Ein Computer kann das nicht; er ist völlig geistlos. Er tut nur, was ihm einprogrammiert wurde. Er gehorcht. Das Internet ist nicht „intelligenter“ als der alte Aktenordner – es kann nur unglaublich viel schneller und hochpräzise Verknüpfungen herstellen, um Entscheidungen vorzuschlagen bzw. zu treffen. Wenn wir ihm gehorchen, ist das unsere Entscheidung – eine Leistung unseres Verstandes oder unserer Unvernunft!

Die große Erkenntnis der Aufklärung war und ist ja, dass wir uns unseres Verstandes, unseres Denkens bedienen sollen und können, ohne die Ver-Leitung eines anderen Wesens. Das bewusste und unbewusste seelische, abstrakte Geschehen, dass zur Bildung eines eigenen Gedankens führt, nennen wir Denken. Es ist gebunden an Aufgaben oder Ziele und dient der Informationsverarbeitung. Das „vernetzte Denken“ hat uns gelehrt, dass alle Erscheinungen in einem komplexen Wechselspiel zueinanderstehen. Das Nachdenken führt zum Erkennen, zum Werten und Urteilen, je nach gelernter „Gesinnung“. Aber genau daraus können wir uns – im Gegensatz zum Computer – emanzipieren. Das ist unsere (Denk-)Freiheit. Die Logik, nach denen Computer arbeiten, ist relativ einfach. Das menschliche Denken wird von philosophischen Reflexionen begleitet und vermag es, u.a. über den Denkprozess nachzudenken.

Der „einfache Geist“

Wir zivilisierten West-Menschen sind von einer sehr kopflastigen Kompliziertheit. Wir sind fast besessen von Vorstellungen der Größe und des Noch-größer-Werdens, des ständigen materiellen Wachstums und der Sucht, uns ständig mit anderen zu vergleichen. D a s sind die Wurzeln unserer Unzufriedenheit. Auf dieser Grundlage wird uns suggeriert, wir könnten Wohlbefinden kaufen oder durch äußere Verfahren herstellen. (Die Werbung nutzt Unzufriedenheit, um das Kaufen anzuregen und damit wiederrum zu einem Teufelskreis der Unzufriedenheit anzuregen).

Wir sind nicht frei von den Strebungen nach den Gütern, die uns angeblich glücklich machen. Es gehört ein gewisser sozialer Mut und eine ehrliche Bescheidenheit dazu, sich vom Mainstream abzuwenden und sich auf das zu besinnen, was uns wirklich zufrieden und zuweilen sehr glücklich machen kann. Die schwierigste Aufgabe ist sicherlich, das bisher gelernte Konzept von einem guten Leben zu überdenken und zu korrigieren. Da ich nicht glaube, dass wir das grundsätzlich oder durchgängig bewerkstelligen können, möchte ich dafür plädieren, von Zeit zu Zeit Phasen der geistigen Besinnung einzulegen und sich und seine Umwelt „anders“ zu sehen. Vielleicht ist es dazu gut, seine häusliche Umgebung vorübergehend zu verlassen, um eine „einfache Herberge“ aufzusuchen? Vielleicht in einem Kloster, einem Campingbus oder in einer Berghütte? Dazu muss man nicht allein sein; Menschen sind nur störend, wenn sie laut, übergriffig und alkoholisiert wären.

Es wäre schön, wenn man einen Ort inmitten der Natur fände, der ursprünglich ist (z.B. keine Solaranlagen, keine Betonwände oder Sendemasten, keine Asphalt-Parkplätze ...). Einfach soll dieser Ort sein. Es kann auch eine alte Bauernstube sein. Der Raum sollte Friedlichkeit atmen, und die Dinge darin dürfen die Last ihrer Jahre mit Würde und Anmut tragen. Dort gibt es vielleicht verwittertes Holz, in einer alten Tonvase einen kahlen, verdorrten Zweig, ein vergilbtes Bild ... Die Gerätschaften sind einfach und vom Gebrauch gezeichnet. Alles steht – sorgsam gepflegt – an seinem dafür absolut richtigen Platz.

Vielleicht ahnt man die Geschichte des Hauses und seiner Nebengebäude, der Menschen und der Tiere, die hier gelebt haben. Wir werden wohl schmerzhaft und poetisch berührt von den Dingen, die Patina tragen. Werden hier uralte Sehnsüchte in uns aktiviert, die uns u.a. auch bei Antiquitäten ansprechen: der erloschene Glanz von damals, abgenutzte Dinge, die die Spuren der Zeit zeigen und die immer noch da und brauchbar sind? Dauerhaftigkeit. Solidität. Vielleicht eine ehrliche Sauberkeit?

Möglicherweise gibt es alte Bücher oder Bilder. Der Fußboden ist mit Narben seines Gebrauchs bedeckt. Die Fenster sind klein, aber sauber. In den Dingen solch eines Raumes schwingt der Geist und das Herz jener mit, die sie vor vielen Jahren gefertigt und benutzt hatten. Reinlicher Respekt vor den Vorfahren. Hier hat alles lange überlebt und trägt die Spuren der Zeit – und dies, weil es über die Jahre hinweg gut und richtig gepflegt worden ist. Empfinden wir hier Einblicke in unsere Ur-Menschheitsgeschichte: ein trockenes Haus, Wärme und Zuwendung sowie die nötigen Dinge zum Sattwerden, zum Leben – nicht mehr!

Stimmigkeit, Respekt, Reinheit und Ruhe. Sich selbst eingebunden fühlen in Stille und Bescheidenheit. Einfach ist alles. Blumen vor den Fenstern, das Gras duftet, das Holz atmet und lebt. Die Gegenstände zeigen Spuren ihres Gebrauchtwerdens – sie erfüllen ihren Zweck und sind schon deshalb „schön". Da man in solch einem Fall das Wenige, was benötigt wird, achtet, wird man auch selbst nicht mit Smartphone, Laptop oder anderem zivilisatorischen Zierrat auftreten. Das Nötige. Ein volles und ein leeres Buch; ein Stift und warme Socken. Vor allem sollte man seinen Geist leeren – zumindest von den Dingen, die hier keine Rolle spielen: Nachrichten, Börsenkurse, materielle sowie gesundheitliche Sorgen und *Schmuckgedöhns* oder schicke Kleidung.

Auf dem Weg zu solch einem Ort sollte man die Gedanken an Konkurrenz, Gier, Zorn und „geistlose Trägheit" verbannen: meinetwegen für eine spätere Zeit irgendwo parken. Man sollte abschalten, umschalten, loslassen und darauf gespannt sein, was die einfältige Leere mit einem macht. Hier bewegen sich Menschen anders; vielleicht gezeichnet von der Schwere der Arbeit in ihrer Ehrfurcht vor dem Leben. Das adelt auch alte Gesichter. Die Seele ihres täglichen Lebens ist ihr Tun – und dieses Tun verrichten sie mit großer Selbstverständlichkeit.

Vielleicht ist da ein Kind, das sich nicht ziert, das nicht fernsehverbildet ist, das noch über einen natürlichen Charme verfügt. Es geht, tanzt anmutig durch den Raum – lächelnd, freundlich, etwas neugierig und doch nicht aufdringlich.

Ein Mann lässt sich schwer auf den Küchenstuhl fallen, als würde jetzt hier am Tisch – unter der schwachen Lampe – die Weite des Tages in das rustikale und deftige, völlig unspektakuläre Abendessen übergehen. Er hat mit dem Vieh geredet, den Bäumen zugehört, den Duft des Heus genossen, hat seinen Hund gerufen und ein Stück des Zaunes repariert ... Er kennt etwas von der Weisheit der alten Zirben und der Felsen; er kennt die Sprache der Vögel – und weiß doch nichts davon. Ihm ist das Wetter Freund und Partner, nie Feind.

Anmutungen einer heilen Welt. Wir finden sie dort, wo sich der Geist auf das Tägliche und Naheliegende richtet, wo die beabsichtigte Wirkung des Tuns im Gelingen und nicht in der Resonanz durch andere liegt. Das „gute Leben“ ist, wo die Gegenwart sich als Sorglosigkeit gestaltet, wo Körper und Seele, Wunsch und Wirklichkeit am gleichen Ort, im gleichen Moment zusammenkommen.

Wenn wir so Anteil an diesem be- und verzaubernden Leben nehmen, dürfen wir Einblicke in diese andere Welt werfen; dann wird uns anders. Wir werden bescheiden. Hier ist alles unverfälscht, auf das Überflüssige ist verzichtet. In der Schlichtheit – zuweilen sogar Grobheit – liegt der besondere Charme der Redlichkeit.

Wir wissen, dass Orte, Räume und natürlich Menschen und ihr Leben uns oft mehr prägen als Ideen, Lehren oder Vorträge. Wir *erleben* mit. Etwas brandet an uns heran, reibt sich an uns – oder reiben wir uns am Miterlebten? Es geht nicht darum, zu huldigen, zu bewundern, zu applaudieren … Es geht darum, dass ich mein Leben am Leben und Anders-Sein anderer Menschen reflektiere. Sicherlich geht es auch um Erkenntnis; vielleicht sogar um das zeitweilige Mitschwingen, Miterleben. Dieses Zur-Ruhe-Kommen, dieses Stille-Werden, dieses Staunen … dieses Empfinden einer plötzlichen, fremden Nähe löst Heimatgefühle aus.

Es geht um den „befreiten Geist“, um die einfachen Strukturen in den Formen, den Gedanken und im Tun.

Hier müssen wir weder erklären noch bewerten, was wir erleben. Aber wir können empfinden, dass das Leben hier ungekünstelt und doch voller Lebensweisheit ist, und das dürfen wir genießen. Wollen wir davon ein Stück mit in unser oft so kompliziertes Leben hinübernehmen?

Eigentlich

Es ist nicht so gekommen, wie ich es mir erhofft hatte. Eigentlich schade ..., aber wer weiß, wofür es gut ist. Das beschreibt schon die Breite dieses Wortes der Schein-Erklärungen. Stets liegt dahinter der Wunsch nach etwas Anderem als dem, was Realität geworden ist. Man sucht das Gegenwärtige zu erklären, indem man im Allgemeinen externe Gründe für das Nichteintreffen verantwortlich macht. „Eigentlich hätte ich auch ..., aber meine Eltern ..."

„Eigentlich" weist auf eine andere Wahrheit, zumindest Sichtweise hin. Und der Sprecher weiß – eigentlich – um seine Schwäche, wenn er sich an dem misst, was andere geschafft haben oder was er hätte leicht schaffen können, wenn nicht ...! So zeigen Entschuldigungen als Ausflüchte („Krücken des Unvermögens" wie es Bergengruen nannte), dass wir als Menschen zwar unsere Vollkommenheit denken, aber nie erreichen können. Wie die Mächtigen durch ihre Macht dazu verführt werden, sich zu verlieren, wird auch die leichte Verführbarkeit der Unmächtigen und Bedrohten in ihrer sozialen Position sichtbar.

„Eigentlich" bedeutet auch „gewissermaßen" und „ursprünglich". Schriftsteller tragen Alias-Namen, ihr eigentlicher Name steht nicht auf ihren Büchern. Und kennen wir nicht die Tatsache, dass wir von etwas fest überzeugt waren – und dazu standen. Dann aber haben neue Erkenntnisse oder weitere Informationen uns eines Besseren belehrt, wir haben unsere ursprüngliche Meinung erweitert oder verändert und sagen: „Eigentlich war ich immer überzeugt, dass ..., aber meine jetzige Meinung dazu ist ...!" Der überwundene Zweifel, den man zuweilen nicht einmal richtig formulieren konnte, findet so in eine versöhnende und bedingt erklärende Ordnung, die uns alle verbindet. Sollen wir uns nicht gestatten, heute klüger zu sein als gestern, weil wir neue Erkenntnisse gewonnen haben? Und zuweilen entwickelt sich auch eine Situation anders, als man es erwartet hat. „Eigentlich wollte ich nur eine Viertelstunde ..., aber dann ...“ Es gibt sie doch, diese „metaphysischen Kräfte“, denen wir uns zuweilen gern hingeben.

Eile

Hase Hastig ist stets auf der Flucht. Er zögert bis zum letzten Augenblick, um dann die „Beine in die Hand“ zu nehmen, damit er dem ewig lauernden Feind, indem er Haken schlägt, entkommen kann. Immer ist er in Alarmbereitschaft, nervös blickt er sichernd um sich, um weder etwas zu verpassen noch um sein Leben zu riskieren. Er will Sicherheit.

Es gibt Menschen, die sind hasengleich: ängstlich und immer in Eile, nie wirklich in Ruhe, stets „auf dem Sprung“, und ewig befürchten sie, Opfer zu werden. Aber hellwach sind sie sichernd; und wie der Hase im Grimm‘schen Märchen – oft dem gewitzten Kleineren gegenüber im Nachteil.

Eile ist Unsicherheit. Eine oft vorgeschobene Wichtigkeit „zwingt“ dazu, angeblich Unaufschiebbares, was man schon lange vor sich herschob! – jetzt, im letzten möglichen Moment – endlich in forscher Schnelligkeit zu erledigen. Diese Hurtigkeit soll Dynamik vortäuschen, ist aber wohl nur ein Zeichen für schlechte Planung. Wer – mit verzerrtem Gesicht – zum nächsten Termin rast, trägt etwas Ungekonntes, etwas Zwanghaftes und Fremdbestimmtes in sich. Das Geheimnis der Pünktlichkeit ist, dass man rechtzeitig aufsteht und geht! Ein Gentleman – so lehrte man früher – darf kontrolliert zügig gehen, aber er wird nicht rennen! Die – vorgeschobene – Geschäftigkeit wird vom Gegenüber leicht als Hektik oder Unrast bzw. Aktionismus wahrgenommen.

Wir sollten stets Zeit für Wichtiges haben. Wer sich Zeit für „alle und alles“ nimmt, weiß nicht, worauf es ihm wirklich ankommt. Viele, auch sehr kluge Menschen, schaffen es in ihrer permanenten Ruhelosigkeit nicht, ein Werk konzentriert zu vollenden. Ihr Tätigkeitsdrang kennt weder Grenzen noch ein klares Ziel. Wie in vielen (allen?) Bereichen des Lebens sollte man bei all seinem Engagement für die Sache auch eine gehörige Portion Distanz wahren. Verstehen wir die Zeichen der Zeit erst, wenn wir nicht mehr können?

Entscheiden

Viele Male am Tag treffen wir Entscheidungen – jedes Mal nach irgendwelchen Kriterien. Mal ist es etwas Schönes, was uns freut; mal eine Pflicht; mal berechnen wir einen gewissen Vorteil – und zuweilen entscheiden wir auch ganz spontan „aus dem Bauch" heraus oder auch gar nicht. Entscheidungen setzen voraus, dass wir mehrere – mindestens zwei – Alternativen haben bzw. kennen. Wie wir uns entscheiden, hängt auch von den vorherzusehenden, möglichen Konsequenzen ab. Immer haben wir ein Bedürfnis nach Orientierung und Sicherheit – und jedes Mal müssen wir mit möglichen Selbstzweifeln kämpfen. Schwierig werden Entscheidungen, wenn wir zwar Wünsche haben, aber zur Erfüllung nicht über die nötigen Ressourcen (z.B. Geld) verfügen. Zuweilen haben wir auch schlechte Erfahrungen gemacht und scheuen uns, jetzt wieder in dieselbe Richtung zu gehen. Oft sind Entscheidungen auch ausgesprochen komplex: Wir verfügen über eine große Summe von Informationen, die aber mehrere Alternativen als gleichrangig erscheinen lassen: Was immer man tut, bedeutet, dass man das andere dann nicht tun oder erleben kann.

Wir müssen für Entscheidungen völlig naiv sein oder als kluge Menschen viele Aspekte miteinander ins Benehmen bringen. Dabei sollten wir wissen, dass wir dazu neigen, mögliche negative oder riskante Ereignisse als viel „schlimmer" einzuschätzen, als sie dann wirklich sind. Dagegen überschätzen wir in der Regel Intensität und Dauer von emotional wünschenswerten Abläufen.

Es gibt Menschen, die in ihrer Selbstunsicherheit und in ihrem Bedürfnis, ja alles richtig zu machen, alle Eventualitäten bis ins Detail vorüberlegen und planen. Sie haben auch immer einen

Plan B ausgearbeitet. Es fällt ihnen auch schwer, eine einmal getroffene Entscheidung zu revidieren. Nach normativen Regeln gehen sie den möglichen Ablauf im Detail durch und treffen rational ihre Entscheidung. Andere „Typen“ neigen dazu, situativ Regeln zu folgen oder eben auch nicht. Da sich in Entscheidungsprozessen Bedingungskonstellationen und Einflussgrößen rasch ändern können, wählen sie eher ein „holistisches“, also ganzheitliches Vorgehen. Bei beiden Vorgehensweisen sind drei Bestimmungsgrößen relevant: erwarteter Wert, Nutzen und Wahrscheinlichkeit.

Es gibt Menschen, denen fallen auch „kleine“ Entscheidungen schwer. Ihre Wunschträume werden in Zweifel und Angst ertränkt. Ihre Wahl lautet meist: Handeln oder sehnsüchtig bleiben. Meist gewinnt die Sehnsucht ... und sie treten auf der Stelle. Entscheidungen aktivieren unser Leben.

Erinnern und Vergessen

Erinnerungen seien der Schatz des Alters, sagt man. Und wenn diese Erinnerungen aus Leid, Demütigungen und Versagen bestehen? Aber auch das Vergessen kann ungut sein, wenn man eigene Versäumnisse, Unterlassungen oder „Missetaten" einfach nur so „verdrängt"! So können beide Gehirnleistungen sowohl schön als auch hässlich sein. Erinnerungen sind gute Lebenshelfer – aber sie lügen oft. Sie entfernen uns vom gegenwärtigen Leben, und führen dazu, den Sich-Erinnernden in ein falsches Licht zu stellen. Wer vorwiegend in seinen Erinnerungen lebt oder gar schwelgt, verpasst das gegenwärtige Leben. Aber es ist ein süßer Genuss und oft an Leid gebunden, rückwärts zu schauen und das Verschwundene noch einmal an die inzwischen kahle Wand zu malen. „Es gibt keinen größeren Schmerz, als sich im Elend an glückliche Zeiten zu erinnern" (Dante). Das Erinnern ist nicht mit dem guten Gedächtnis gleichzusetzen. Das geistige Erinnern hat Fakten gespeichert. Das seelische Erinnern hat stets eine emotionale Komponente. Darin ist die Lust des Schwebens wie die Asche der vergangenen Zeit enthalten.

Vergessen ist der dem Behalten und Erinnern entgegengesetzte Vorgang: Man ist unfähig, Gedächtnis- und Erlebnisinhalte zu reproduzieren bzw. man findet nicht die richtige Zugangsstrategie, die die Kammer des Vergangenen öffnen kann („Es liegt mir auf der Zunge, aber …"). Wir haben durchaus eine „Vergebens-Kultur" aber keine Vergessens-Kultur, weil wir glauben, etwas zu vergessen, sei immer eine Schwäche. Zuweilen ist es auch eine „Gehirn-Leistungsschwäche", die auf eine psychiatrische oder neurologische Erkrankung schließen lässt. Aber in der weit überwiegenden Zahl der Fälle sind die Fülle der Eindrücke im Verlauf des Lebens, dann der oft weit zurückliegende Zeitpunkt der Einspeicherung der Informationen und die geringe emotionale Beteiligung am damaligen Geschehen Ursache für das Vergessen bzw. Nicht-Erinnern.

Vergesslichkeit kann auch eine Form der Freiheit sein (Khalil Gibran): Man muss nicht mehr alles wissen, was man einmal wusste. Man muss sich nicht mehr an alle Namen erinnern, man darf getrost die erfahrenen Gemeinheiten vergessen. Ein italienisches Sprichwort sagt: „Schmerz vorüber, Hebamme vergessen." Ja, das Leben vergisst viele und vieles. Der Tod keinen. In der Trauer füllen wir oft die Leere mit Erinnerungen – vergessen ist schlimm, aber schlimmer ist falsches Erinnern.

Eros und Agape

Unter dem Begriff der Caritas versteht man in der (katholischen) Christlichen Lehre die Liebe, besonders die Nächstenliebe im Kleid der Barmherzigkeit. Dabei wurde das christliche Ideal einer himmlisch-reinen, schenkenden Liebe (Agape) überhöht und damit für normale Menschen kaum erreichbar. Im Gegensatz dazu wurde über Jahrhunderte hinweg die heidnisch-irdische, triebgesteuerte, körperliche Liebe (Eros) abgewertet und verteufelt. Dieser theologisch konstruierte Gegensatz hat beiden Begriffen geschadet. Der entsinnlichte und dann spiritualisierte Begriff der Agape war für die meisten Menschen nicht erfüllbar. Und der – von den allermeisten Menschen praktizierte – Eros wurde auf Sexus reduziert und auf Erotik und Sexualität abqualifiziert und verteufelt.

Ja, es gibt diese begehrende Liebe, die egozentrisch, besitzergreifend auf das Eigene gerichtet ist. Und es gibt diese fast „heilige“, sich selbst aufopfernde Nächstenliebe, die ausschließlich das Wohl des Anderen sucht. Es hat lange gedauert, bis sich die *Kirchen* zur ständigen Möglichkeit der libidinösen Verfallenheit, Schuld und Entfremdung ihrer Diener bekannt haben. Der Wunsch nach Erlösung von der (sexuellen) Unwissenheit und die Aufgabe der „sündhaften“, großen Ichbezogenheit sind nur in der Sensibilisierung für das Leid und die Nöte der Menschen (und Tiere), in einem umfassenden Mitleid und Mitgefühl (Compassion) möglich. Die Überwindung der begehrlichen Egozentrik in liebevoller Zuwendung zum anderen Menschen u n d zu sich selbst ist der Königsweg zwischen Agape und Eros (im traditionellen Sinn). Die erotische Liebe ist sinnlich, seelisch, geistig und körperlich zugleich. Sie dient nicht primär der Zeugung, sie gestattet sich Lust für alle Beteiligten. Sie hat längst die Grenzen der Sexualität überschritten und ist

– in all ihren Formen – zur Kommunikation als Entfaltung (und Befreiung) der Geschlechtlichkeit zwischen Menschen gereift.

Ich möchte nicht zählen müssen, wie oft Menschen am Tag das Wort „Liebe“ im Mund führen: Sie lieben Schlager, ihren Hund, Italien, Sport, ihr morgendliches Müsli, das Sommerkleid, den Weg zum Bahnhof ... Wir wissen, dass es „nur ein Wort“ ist; auch wenn letztlich dahinter eine uns tief berührende Emotionalität liegt. Die Liebe zwischen Agape und Eros ist – im Sinne der platonischen Liebe – über den Vereinigungs- und Zeugungstrieb hinausgehend das Grund-Bedürfnis nach Erforschen, Kreativität, und sie ist Bestandteil und Voraussetzung jeder Freundschaft geworden. Der alleinigen sexuell-erotischen Bedeutung entkleidet, wird Liebe heute auch für alle geistigen (Freud sagte: „sublimierte“) Formen des sinnlichen Gestaltens herangezogen. Der Begriff der Agape ist in die allgemeine Fürsorge eingegangen, diese umfasst heute auch die Selbst-Fürsorge.

Erschöpft und voller Möglichkeiten

Am Ende eines ereignisreichen Tages kann es vorkommen, dass ich völlig erschöpft an meinem Schreibtisch sitze und kaum die Kraft aufbringe, meine kurzen Tagebuchnotizen zu schreiben. Der Stift zieht plötzlich „Schleifspuren" auf dem Papier – die Hand gehorcht mir nicht mehr ...

Es sind diese Momente der Verlassenheit: Keine Energie mehr, keiner um mich herum, keine Aufgabe wird jetzt gelingen ... der Kopf sinkt, die Gedanken stürzen in eine unendliche Tiefe. Aber da bleibt ein Fünkchen Vernunft – und sie sagt: „Geh zu Bett" ... Aber dazu muss ich erst einmal aufstehen – und das ist so unendlich mühsam. Ganz schlimm, wenn die Kraft nicht einmal gereicht hat, den Fernseher oder das Radio abzustellen ... Nur der Wunsch: Sinken, sinken, wegfließen ... Auch wenn die Haltung nicht optimal ist – alles andere wäre jetzt viel zu mühsam. Zwei Gedankenstränge durchziehen meinen Kopf: „Genieß es – du darfst das, niemand stört sich daran ..." Doch: Ich! Ich weiß, wie das weitergeht: Nach einer guten Zeit werde ich verkrampft, mit schmerzenden Gelenken und einem – immer noch – kleinen Vorwurf zu mir kommen und mir sagen: „Schwäche, Disziplinlosigkeit, Inkonsequenz ..." Es ist so unvernünftig, sich so gehen und hängen zu lassen, wo doch Sofa oder Bett nur eine Tür weit entfernt sind. „Steh auf, du fauler Hund, erledige was zu tun ist, um gut zu schlafen!" Und die Stimme der Milde spricht: „Lass dich ruhig ein wenig fallen; es schadet nichts, dein Körper braucht das ..."

Ich dümple zwischen wach und verloren dahin. Zwischenzustand. Weder – noch! Bedürfnis nach dem Einen wie dem Anderen – und das zur gleichen Zeit. Ich kann die Augen nicht öffnen, will mich nicht erheben, mich nicht zwingen, keinem

Diktat folgen – mich gehen lassen ... Ich lasse die beiden Stimmen zu, höre im Moment die eine und folge der anderen – und gleich wieder umgekehrt. Es ist so, als geschähe etwas mit mir – und ich wäre fest davon überzeugt, dass mich das alles nichts anginge. Es ist diese Phase, in der ich mich verloren habe ... Von irgendwoher schaut ein wacher Geist auf diese Häufchen Schlappheit – und lächelt. So viel versöhnliche Inkonsequenz, so viel verzeihende Güte ... Ist so der Übergang? Ist das der Zustand, der weder Leben noch Tod kennzeichnet? Eben diese Zeit dazwischen, davor, daneben – oder gar ohne jeden Ort? Ja, es ist ein zeitloses, ein ortloses Fließen; besser: ein Zustand ohne Namen, ohne Ziel und ohne Wollen – aber eben auch ohne Können! Sich ganz hingeben, ausliefern, zulassen – und milde lächeln.

Diese Vortraumphasen scheinen intensive und kreative Potenziale zu wecken. Farben und Töne verschwimmen miteinander, eine tiefe Ruhe vermengt sich mit gelegentlichen Blitzen. – Schwärze scheint von hellem, durchscheinendem Seidenpapier eingepackt zu sein. Gesichter huschen vorbei – unkenntlich – und im Nachschauen lächle ich, schüttle den Kopf über so viel Hetze und Außer-Sich-Sein. Schöne Gedanken, reiche Worte fallen ins Uferlose, weil ich nichts aufschreiben und wohl auch nichts behalten werde. Ich weiß aus Erfahrung, dass ich mich nachher nicht wirklich erinnern kann.

Und irgendwann schleppe ich mich doch ins Bett – und kann nicht einschlafen!

Erwartungen – Vertrauen – Enttäuschungen

Im Zusammenleben mit anderen Menschen sind wir als Kinder darauf angewiesen, dass wir Regeln lernen, auf die man sich verlassen kann. Bereits kleine Kinder sollen lernen, dass Ja „Ja" und Nein „Nein" bedeutet. Erzieher müssen verlässlich gut sein. So entsteht Vertrauen. Älter werdend lernen Jugendliche, dass nicht alle (guten?) Erwartungen an die Freunde, Geschwister, Eltern usw. erfüllt werden. Auch noch als Erwachsene reagieren wir auf enttäuschte Erwartungen mit Unverständnis, Ärger, oft Wut, Vorwürfen und Angriff (Aggressionen). Selbstrechtfertigungen sind hier häufig. Und wir neigen rasch dazu, dem „Verursacher" meiner Verunsicherung die Schuld zuzuschieben: „Du hast mich total enttäuscht!"

Was geschieht da? Unsere gelernten Erwartungen sind das Fundament unseres „Welt- und Menschenbildes." Das Bild von dem, was sein sollte, prägt unsere Vorstellung – sowohl von der Welt wie auch von uns selbst. Diese Vorstellung vermittelt uns Sicherheit. Wir richten uns bequem in der „Hängematte unserer kindlichen Überzeugungen" ein. Mühsam lernen wir, dass die Welt und die Menschen auch ganz anders sind, als wir erhoffen oder erwarten. Auch das Bild von unserem Selbst ist meist ein ungeprüftes Sammelsurium von Erfahrungen, Glaubenssätzen, Erinnerungen, Strategien, gelernten Vorschriften, Regeln und Hoffnungen. In der Begegnung mit Menschen, gerade auch mit denen, die uns nahestehen, erwarten wir, dass diese möglichst immer unseren Erwartungen entsprechen. Wir haben die Vorstellung, dass sie so denken, fühlen und handeln, wie wir das gerne hätten. Und wir nehmen für uns in Anspruch, dass u n s e r e Einstellungen und Gedanken richtig und die der anderen falsch seien. Selbstunsichere Menschen können in solch einem Umfeld auch die negative Vorstellung von ihrer eigenen Unzulänglichkeit und Bedeutungslosigkeit erfahren: „Ich tauge nichts!“

Was tun? 1.) Die Klärung meiner Vorstellungen ist der Schlüssel. Sind/waren meine Erwartungen realistisch? Welche Sorgen oder Ängste entstehen in mir, wenn meine Erwartungen nicht erfüllt werden? Warum will ich, dass mein Gegenüber sich so verhält, wie ich das möchte? (Steht der Wille zur Macht dahinter?) Warum kann ich nicht zulassen, dass der andere nur anders, aber weder besser noch schlechter ist? Was bringt mir das „Be-urteilen“? 2.) Erkennen, dass ich gar nicht angegriffen sein muss. Es wurde nur eine andere Meinung geäußert – die allerdings mit mir/meiner Persönlichkeit zusammenhängt. Aber will ich dem „Angreifer“ die Macht geben, mich auf die Palme zu bringen? 3.) In einem bewussten, zeitlich etwas versetzten Blick auf die erlebte Situation werden wir merken, dass wir souverän „lächeln“ können – auch über uns selbst. Gelassenheit. Selbstvertrauen.

Es tun

Immer wieder begegne ich klugen Menschen, die eine gute Idee haben – sie aber nicht umsetzen können. Das kann das eigene Leben betreffen oder irgendwelche beruflichen oder politischen Projekte. Und ich treffe Menschen, die relativ still und bescheiden ein Werk ins Leben gebracht haben und erfolgreich weiterbetreiben. Man muss nicht die Welt verändern oder sein gesamtes Leben umstellen wollen ... Es genügt, wenn man, nach kritischer Überlegung, einen vorgenommenen Plan in die Tat umsetzt.

Vorsätze sind Aufforderungen an sich selbst, etwas zu tun (oder zu lassen). Zum Gelingen sind mehrere Kriterien zu überprüfen: Ist das Ziel wirklich relevant und – für mich – von Bedeutung? Was wird sein, wenn ich das Ziel erreicht habe? In welchem Zeitrahmen soll das Ganze stattfinden oder möglichst beendet werden? Welche Hindernisse können auftauchen: In mir selbst (mangelnde Ausdauer, keine hinreichende Motivation, fehlende – fachliche – Sach-Kenntnisse ...)? Benötige ich weitere Daten/Informationen, um das Projekt oder Problem weiträumig anzugehen? Gibt es Vorbilder? Welche „Verstärkungs- oder Unterstützungssysteme“ benötige ich (was hält mich bei der Stange?)? Benötige ich eine spezielle Ausstattung oder besonderes Handwerkszeug dafür? Kann es finanzielle oder rechtliche Probleme geben?

Die meisten Menschen scheitern daran, dass sie erkennen, wie vielschichtig das Vorgehen sein wird – und welche Mühe es macht, ohne genau wissen zu können, ob es sich „lohnt“? („Alles ist so furchtbar kompliziert ...!“) Aus Angst vor einem möglichen Versagen fangen sie dann erst gar nicht an.

Ein erfolgreicher und gebildeter Mensch wird seine Ziele in kleine Zwischenziele untergliedern, wird sich einen angemessen großen Zeitrahmen stellen und sich der Beratung von Unterstützern bedienen. Oft haben solche Menschen ihr Vorgehen auch dokumentiert, haben Zweifel und Gewissheiten immer wieder gegeneinander abgewogen, haben sich gegen mögliche Anfangs-Misserfolge „geimpft". Und: Sie sind überzeugt von ihrer Idee, sie brennen förmlich dafür. Sie reden nicht von Absichten und von dem, was sie alles tun wollten; sie fangen an und tun es. (Nur die Alten sprechen davon, was sie alles getan haben!)

Freund und Freundin

Es gibt sehr unterschiedliche Formen des Zusammenlebens. Die Freundschaft ist die schönste. Aber was unterscheidet sie von der Liebesbeziehung, der Kameradschaft, der Vertrauten, dem Verbündeten, dem ständigen Gefährten ...? Gibt es eine Kongruenz von Liebe und Freundschaft?

Es gibt keine klaren Abgrenzungen – und es wäre Unsinn, die Freundschaft als platonische Liebe zu bezeichnen. Wie es keinen Sinn macht, eine „Liebschaft" mit einer tiefen Freundschaft gleichsetzen zu wollen. Der (Kriegs-)Kamerad auf Leben und Tod, der Partner am Seil bei einer schwierigen Bergbesteigung, der Studienfreund oder Forschungskollege, mit dem man eine bedeutende Erfindung machte, ... all dies sind Beziehungen, die sich nicht leicht oder allgemein mit einer Freundschaft beschreiben lassen. Diese „geprüften" und bewährten „Zeitbeziehungen" halten oft ein Leben lang. Trotzdem: Leicht kann aus dem Freund ein Feind werden – und umgekehrt! Man sagt, dass das Schreiben und Veröffentlichen der Autobiographie die Freunde in die Flucht schlagen.

Vielleicht gibt es Kennzeichen für eine gute Freundschaft: Zusammen schweigen können, sich in größter Not beistehen und dabei nicht auf ein Morgen warten. Und: Ist mir die Freundin/der Freund zu jeder Zeit, auch uneingeladen, willkommen? Fühlt man sich ohne den Freund nicht unvollkommen? Ist die „Freundschaft ... die Ehe der Seele"? (Voltaire). Freundschaft ist Heimat und Zufluchtsort. Dauern wahre Freundschaften, im Vergleich zur Liebe, nicht ewig?

Kurz: Mit dem Freund/der Freundin ist man gern zusammen, man fühlt sich verbunden, ohne dass man sich wechselseitig fesselt. Man tut sich Gutes, wünscht sich das Beste und wird nie zum Konkurrenten. In der Liebe und bei der Freundschaft füllt man nicht eine eigene Leere mit Freundschaft und Liebe; man gibt und ist gern. Es gibt eine Freundschaftslust als Wohllust am Freundsein des anderen, als körperlich-emotionale Nähe, aus freundschaftlicher Zuneigung und Verbundenheit. Das ist die Erotik der Freundschaft. Sich befreunden, bedarf des Findens, des Reifens, der Ebenbürtigkeit, der Überwindung der narzisstischen Eigenliebe. Freund zu sein, bedarf der Treue, des Interesses am anderen und der uneingeschränkten Zuneigung zur Person – auch trotz und wegen möglicher „Fehler". Im Freund erkennen wir uns, indem wir einen anderen Standpunkt sehen, verstehen und akzeptieren, um damit die unermessliche Vielfalt von Erfahrungen zu erahnen; und die eigenen zu überschreiten. Unser Lebenswissen entsteht aus der ständigen Er-Gründung von Meinungen mit Freunden.

Gefallen

Was und wer gefällt mir? Gefalle ich jemandem? Und wem möchte ich gefallen? Will ich gefallen – oder möchte ich beliebt sein? Was oder wer gefällt mir überhaupt nicht? Wann habe ich zuletzt einem anderen Menschen einen Gefallen getan? Und wer hat mir eine Gefälligkeit erwiesen? Menschen sind „Gefallene“: Kriegsopfer, Bombentote. Sie werden zu Helden hochstilisiert. Und die Hetären, Mätressen, Stricher oder Prostituierten wurden zuweilen als „gefallene Engel“ diskreditiert.

Gefallen finden ist in unserer Sprachkultur positiv besetzt. *Gefallen wollen* raubt der Frau die Anmut und dem Mann den Respekt. Aber: Wir sind eitel und gefallen uns darin, anderen zu gefallen. Was ist das eigentlich? Sollen andere meinen Geschmack, meine Schönheit, Intelligenz, mein Talent, meine Stellung usw. bewundern? Sind es Äußerlichkeiten – oder ist es so etwas wie Ausstrahlung, wie Kompetenz und Freundlichkeit? Will ich mir damit Sympathie, zumindest Anerkennung erwerben? Kennen wir nicht alle Menschen, die in ihrer Gefallsucht „durchfallen“, also unangenehm auffallen? Kann ich das überhaupt durch Wollen erreichen – oder muss es geschehen, entstehen?

Gefallen hat etwas mit Auswahl zu tun. Wer allen – ohne Unterschied – gefallen will, gefällt „der Masse“ und damit letztlich niemandem. Im Mittelmäßigen zu gefallen, bedeutet, dass man seine Ruhe hat. Die Auffallende, Exotische, die Besondere und Hervorstechende steht unter ständiger Beobachtung und Kontrolle. Auch das Absurde und Falsche findet Beachtung, zuweilen sogar Verehrung. So rasch, wie jemand hochgejubelt wird, wird er von der Masse (den Medien?) auch wieder gestürzt. „Narren wollen gefallen; der Starke will seine Gedanken geltend machen“ (Heinrich Heine). Darum geht es wohl: Wir möchten Wirkung erzielen, möchten Menschen überzeugen, gewinnen oder in ihrem Verhalten beeinflussen. (Dabei ist es schwierig, seinem Vater oder seinem Sohn zu gefallen!) Es ist nicht die Macht, die bei anderen Menschen immer gut ankommt, sondern die positive Resonanz, die wir bei anderen erzielen. Dazu gehört, dass man andere Menschen mag und ihnen Gefälligkeiten erweist (ohne sich „anzudienen“ und darüber abzurechnen!). Wir gefallen den uns wichtigen Menschen, wenn wir uns nicht krampfhaft darum bemühen – wenn wir sie neben uns – ohne Mühe – gut aussehen lassen.

Gehen, stehen, liegen

Zu kaum einem anderen Wort gibt es so viele Verknüpfungen, wie zum Wort *gehen*. Etwas oder jemand kann gehen, man kann sich gehen lassen, einer Sache auf den Grund gehen; es kann einem etwas unter die Haut gehen usw. Aber wichtig ist, dass wir *gehen*. Der Mensch ist ein Läufer, ein Wesen, das unterwegs ist. Wir sind zur Bewegung „gebaut“, nicht zum Sitzen, spazieren gehen, walken, mit der Zeit gehen ... Gemeinsam ist den Bedeutungen, dass wir nicht an einem Ort bleiben können oder wollen. Wenn das doch einmal der Fall ist, bleiben wir *stehen*. Die Flüchtigkeit des Gehens ist dann aufgehoben und wir nehmen uns Zeit, etwas zu tun oder zu betrachten, etwas auf uns wirken zu lassen. Das ist dann ein besinnliches Verweilen. Man kann aber auch jemanden stehen oder links liegen lassen, ihn nicht weiter beachten. Unser Streben ist, vor uns selbst und vor uns wichtigen Menschen gut dazustehen – und sie auch gut aussehen zu lassen. Das Stehenlassen im Sinne von Überzeugung und Standhaftigkeit deutet auf Stabilität, Unverrückbarkeit und Dauer hin. Man steht zu seiner Meinung und zeigt Haltung.

Das *Liegen* ist m.E. ein nicht genügend beachteter Zustand des Menschen: Das Sich-Hinlegen nach einem langen Tag, einer Anstrengung. Das Beieinander-Liegen von Liebenden ist höchster Genuss. Das liegt uns. Dieses ausgestreckte Ruhen ist „Medizin“ für den Körper, wenn die Dosierung stimmt. Die erholsame Pause mit hochgelegten Beinen ist Balsam für Nerven und Gefäße. Nichts ist für den Berufstätigen im Urlaub schöner, als morgens noch etwas liegenbleiben zu können. Der Mensch hat im Verlauf der Kulturgeschichte unglaublich viele „Liegemöbel“ konstruiert, auf denen man langliegen und sich aalen konnte und kann.

Es ist wohl der ständige Wechsel dieser drei „Lebenshaltungen“, die das tägliche viel zu lange Sitzen ablösen sollten. Neben dem Geist benötigt auch der Körper immer wieder die Abwechslung, um nicht langfristig zu Schaden zu kommen. Gehen, Stehen und Liegen umreißt gut die Vielfalt unserer ruhenden und bewegenden, aber auch an- und aushaltenden Haltungen den unterschiedlichen Lebenspositionen gegenüber. Diese alternierenden Seinszustände im Raum eröffnen dem kultivierten Menschen immer wieder neue Sichtweisen.

Gelassenheit, Heiterkeit und Humor

Was haben diese drei Begriffe gemeinsam? Lateinisch *serenitas,* im Französischen: *Sérénité*, gibt es dafür im Deutschen kein eigenes Wort. Es umschreibt sowohl Heiterkeit, Weisheit, Klarheit und Gelassenheit – es handelt sich also um einen Zustand der Ausgeglichenheit, den man aktiv herstellen kann und der sich im toleranten Lächeln zeigt.

Gelassenheit ist eine (gute) Haltung der Welt gegenüber. Selbstbestimmt und gezielt gibt man sich – zuweilen auch nur vorübergehend – aus der Hand, „um etwas an und mit sich machen zu lassen“, ohne daran zu leiden. Der Meister findet immer wieder in seine Balance zurück: Belastungen, Bedrohungen, Belästigungen ... lässt er nicht zu, weil seine Seele zur Ruhe gekommen ist und er anderen Kräften keine Macht mehr über sich gibt. Er hält einen gewissen Abstand. Dies auch durch eine „warme“ Heiterkeit, die nicht mit „kalter“ Gleichgültigkeit zu verwechseln ist. Auch die besonnene Heiterkeit bewegt sich zwischen souveränem Gleichmut und einer beständigen Ernsthaftigkeit. Eine elementare Form der Unbefangenheit – das ist mehr als Naivität – zeigt sich im Vertrauen auf die eigene Stärke u n d auf das Wissen um die eigenen Schwächen.

Gegen einen „falschen“ Ernst – vor allem gegen die eigene Selbstbewertung – hilft Humor: Verborgene Widersprüche, Ungereimtheiten und Spannungen werden erkannt, taktvoll benannt und letztlich auch bejaht, ohne dass man dadurch sich selbst oder den Wert eines anderen Menschen schädigt. Zum Humor gehört die Fähigkeit zum Staunen – und manchmal auch eine „liebevolle“ Prise Boshaftigkeit. Da die Welt voller Überraschungen ist, findet man eigentlich immer etwas, was anders ist, als man dachte oder hoffte. Der Ausrutscher auf der

Bananenschale ist dort besonders lustig, wo er „clownesk“-gekonnt ungeschickt geschieht.

Den Begriffen ist gemeinsam, dass Menschen, die damit beglückt sind, immer auf Überraschungen gefasst sind und danach rasch wieder aufstehen und lächeln. Sie wissen, dass es ein selbstbewusstes Bedürfnis nach einem Befinden gibt, das nicht materiell befriedigt werden kann. Humorvolle, gelassene und heitere Menschen hat man gern um sich.

Gemeinsamkeiten

Als soziale Wesen lieben wir die Gemeinschaft mit Gleichgesinnten. Damit aber das Zusammenleben in Gemeinschaften gelingt, sind bestimmte „Regeln“ zu beachten. Es dürfen nicht alle nur nehmen wollen. Gleiche Interessen zu haben und nur eigene Vorteile zu erwarten, genügt allein nicht. Man muss sich mit Hingabe engagieren, damit die Gemeinschaft von Dauer ist. Zu den Pflichten gehört auch, dass wir in kleineren, überschaubaren Einheiten Werte und Bedürfnisse kultivieren, die für diese Sozietäten nützlich sind. Im Zusammenfinden von vielen Clans, Sippen, Stämmen, Familien, Landsmannschaften entstehen Sozialstrukturen, die gemeinsames Planen und Handeln ermöglichen (Kultur, Erziehung, Bildung, Rechtspflege, Politik und Sicherheit, Infrastruktur, Ökonomie, Wissenschaft und Technik). So gibt es, oft durch regionale, religiöse und natürliche Grenzen getrennt, Unterschiede in der Art der Verwirklichung von Zielen. Aber menschliche Ziele verbinden uns: Wir wollen leben und glücklich sein; dies auch in der Gemeinschaft mit unseren Vorfahren und im Hinblick auf unsere Nachkommen.

Dazu ist es u.a. notwendig, dass wir unseren Lebensraum Erde erhalten. Dazu gehören der Wille und der Geist, den Eigennutz sinnvoll mit dem Gemeinwohl abzustimmen. Verfügen wir über die Seelenkräfte, dies zu verstehen und anderen Menschen mitfühlend zu helfen, menschlich zu leben (bzw. so zu leben, wie sie das für erstrebenswert halten)? Die praktische Klugheit erfordert heute, dass unsere Regierungen – und auch wir als Einzelwesen – u.a. global denken und rücksichtsvoll handeln. Die gemeinsame Ehrfurcht vor dem Leben ist die Grundlage einer gelingenden Menschengemeinschaft. Darüber müssen wir sprechen. Die hohe Komplexität unserer Lebenssituation erfordert, dass wir uns durch wechselseitiges Kennenlernen besser verstehen. Dazu gehören ein paar sehr einfache Dinge: Keinen Krieg führen, optimale Nutzung der Ressourcen, Erhalt der Natur und wechselseitige Toleranz, miteinander sprechen.

Aber wie schwer ist es, dies umzusetzen! Hätten unsere mächtigen Herrscher doch mehr philosophischen Verstand zur Seite!

Gemütsruhe

Es geschieht sowieso und eben auch ohne mich und meinen Willen. Wenn ich ganz in meinem Leben stehe oder lebe, muss ich nicht ständig nach draußen schauen, um zu bewerten, zu kontrollieren oder gar zu dominieren. Im reifen Alter kann man den Wunsch, anders zu sein, als man nun mal ist, endlich ablegen, um sich damit abzufinden, wie man ist. Der Wunsch, herrschen zu wollen und sich selbst ständig beherrschen zu müssen, zeigt, dass man nicht in seinem eigenen Leben lebt. So wie der Magen das Essen ganz allein verdaut, wie die Augen Licht und Schatten aufnehmen, wie die Zunge ganz allein schmeckt, wie meine Haare wachsen ... so hören unsere Ohren, so fühlen wir Temperatur oder Berührungen. Aber so empfinden wir auch Gefühle, weil uns unsere Sinnesorgane Reize vermitteln, die unser Kopf bewertet und mit dem vergleicht, was bereits dort abgespeichert ist.

Und genau hier kann ich entscheiden, ob ich mich von meinen Gefühlen davontragen oder überschwemmen lassen will. Wenn in mir ein (intensives) Gefühl entsteht, kann ich es wahrnehmen und beobachten, ohne mich ihm auszuliefern. Ich kann die möglichen Ursachen analysieren, kann die wahrscheinlichen Folgen bedenken und kann daran arbeiten, das Gefühl zu kultivieren (etwas damit zu machen, was mir guttut). Ich kann aber auch alles einfach nur – lächelnd – geschehen lassen, kann mich wundern, was da wieder durch meinen Organismus „tobt". Schließlich ist er (siehe Verdauen, Geschmack ...) klug genug, das zu tun, was ihm gemäß ist und ihm nutzt. Ich bin nicht mein Gefühl!

Es ist wie mit dem Fieber. Haben Ärzte in früheren Zeiten das Fieber unter allen Umständen bekämpft, so hat man heute erkannt, wie wichtig es ist, um Gegenmaßnahmen bei Entzündungen in Gang zu setzen. Man kann mit seinem Fieber (seiner Störung, seinen unguten Gefühlen ...) kooperieren, statt sie als Feind anzusehen. Wer auf sein Unwohlsein oder seinen Schmerz hört und klug reagiert (dazu gehört eben auch, den Zustand zuzulassen), wird einen homöostatischen Selbstregulierungsprozess initiieren, also eine „stabile Balance" herstellen.. Nichts wird von Dauer sein. Das Ertragen bzw. Aushalten von Situationen und Zuständen sind gute Möglichkeiten, Gemütsruhe zu erfahren. Es geschieht ...

Gesprächskultur

Da treten Menschen auf, die vorgeben zu wissen, wie alles ist – zumindest sein sollte. Sie haben vielleicht eine Position oder ein Amt „erreicht“, sind das, was man prominent nennen könnte und fühlen sich berufen, die Welt zu erklären. In Talk-Shows finden wir sie. In Gesellschaft führen sie das große Wort und nie werden sie die Gelegenheit auslassen, sich im schönen Licht ihrer angeblichen Klugheit zu zeigen. Sie sind unangenehm. Sie spielen die Wissenden. Sie sprechen von sich und ihren Leistungen/Verdiensten und haben für alles und jeden einen Tweed, eine kurze, prägnante Erklärung für die Kompliziertheit der Weltlage. Sie reklamieren für sich die Vernunft, haben aber vergessen, dass auch der Zweifel zur intellektuellen Redlichkeit gehört. Ihre Sprache ist laut, ihr Denken ist rasch, ihre Differenziertheit ist unterentwickelt. Sie wollen den Eindruck vermitteln, alles unter Kontrolle zu haben.

Was wünschen wir uns von einem klugen Gesprächspartner? Vor allem, dass er interessiert ist, Fragen stellt und seine Gedanken als s e i n e Erkenntnis, als Meinung, Vermutung und meinetwegen auch Überzeugung einbringt, aber n i c h t als „Wahrheiten“. Seine Haltung wird getragen von Formulierungen wie: „Ich bin zu der Auffassung gekommen ...“ oder: „Ich denke ... Ich finde ...“ oder: „Meines Erachtens ist zu befürchten, dass ...“ Die vorsichtige, nachdenkliche, leise und zeitnehmende Erklärung der Ansichten sind völlig anders als die undifferenzierten Vereinfachungen mit den Schwarz-weiß-Lösungen à la Keule (Basta).

Je älter – und klüger? – wir werden, desto größer wird unsere Wissensmenge. Zugleich haben wir aber auch immer größere Schwierigkeiten, das angesammelte Wissen über die Welt (wie sie sich uns darstellt) in ein stimmiges Erklärungs- und Handlungssystem einzubinden. Es ist alles viel komplizierter, vernetzter und von wechselseitiger Vielfalt: Jede Vereinfachung des Geschehens („Pat-end-lösungen“) erstickt ein intelligentes Gespräch.

Der vermeintliche Zeitmangel, die angebliche Effizienzpeitsche, die Konzentration auf „das Wesentliche“ und die Tendenz zur digitalen Messbarkeit zerstören das gute Gespräch. Meinungen bilden sich in der Auseinandersetzung, im stillen Nachdenken, beim Erfragen von Unbekanntem und durch die Bereitschaft, sich andersartigen Überlegungen gegenüber zu öffnen. Ich fühle mich bei den Suchenden wohler als bei den „Alles-Wissern“.

Gewissen

Dieser „geheime Mitwisser“ in uns flüstert uns immer wieder zu, was wir tun oder lassen sollen, und warum wir uns schlecht fühlen sollen, wenn wir nicht den gängigen Wert-Vorstellungen entsprochen haben. Das schlechte Gewissen ist nämlich das gute Gewissen! Kinder lernen, was sie dürfen und sollen. Noch unschuldig tun sie das, was ihren sehr körpernahen Bedürfnissen entspricht: Sie nuckeln, nässen ein, schreien, wenn es ungemütlich ist. Nur langsam und behutsam bringen vernünftige Eltern ihnen bei, dass erste kleine Spielregeln einzuhalten sind – dann gibt es liebende Zuwendung, anderenfalls „Liebesentzug“ = Strafe. Das Kind lernt „brav“ zu sein und versteht – nun nicht mehr ganz naiv –, wie man die Eltern manipulieren kann (wenn die das zulassen). Vorbilder spielen jetzt eine große Rolle. Der Jugendliche erkennt, wann und bei wem er ggf. gegen Regeln verstoßen kann, ohne Sanktionen befürchten zu müssen. Grundsätzlich ist man auf dieser Stufe daran orientiert, ob Autoritäten, die strafen könnten, anwesend sind oder nicht. Die Vorstellung könnte jetzt sein, dass man alles tun darf, sich aber nicht erwischen lassen sollte.

Auf dieser Stufe bleiben viele Menschen „hängen“. Nur die wenigsten vermögen es, moralische Entscheidungen gemäß den abgesprochenen und gültigen Regeln, Rechten und Pflichten zu treffen. (Automobil-Manager, Banker… haben in letzter Zeit dafür prächtig schlechte Beispiele gegeben! Geld-Gier und mangelnde Moral hat sie verdorben …). Die interpersonalen Übereinkünfte sind für gewissenhafte Menschen wie ein Gesetz: „It's not done“, sagt – oder sagte – das englische Gentleman-Ideal. Viele Gruppierungen gaben sich solche ethischen Gesetze: die Pfadfinder, der Olympische Eid, das Genfer Gelöbnis für den ärztlichen Berufsstand usw. Auf Weltebene hat man – auch im Dialog der Weltreligionen – immer wieder versucht, Gewissensgrundsätze (Menschenrechte) unter Hinweis auf ihre ethische Universalität und Konsistenz zu proklamieren. Obwohl sie längst nicht immer eingehalten wurden, ist es doch sinnvoll, dass der Einzelne und die Völkergemeinschaft eine Richtschnur ihres möglichen Verhaltens aufgezeigt bekommen. Unsere Beziehungen, Gesetze und Vorstellungen sollten vom Prinzip der Gerechtigkeit geleitet werden. Unser Gewissen weiß, was getan oder unterlassen werden sollte. Hören wir gut in uns hinein, bevor wir eine Entscheidung treffen.

Gewissenhaftigkeit

Vor allem im Zusammenleben und -arbeiten mit anderen Menschen haben sich die heute leicht belächelten „Sekundärtugenden“ als positiv bewährt: Fleiß, Ordnung und Selbstdisziplin. Wer erfolgreich die unterschiedlichsten Situationen bestehen will, muss neben einer Portion Kreativität und Klugheit auch über einen starken Willen verfügen. Damit wird die Gewissenhaftigkeit zur Motivation und zur Selbstdisziplinierung.

Wir alle kennen die inneren Widerstände gegen aufgedrängte Forderungen von außen. Nur zu leicht neigen wir dazu, es uns leicht(er) zu machen. Aber nicht nur der Wille ist wichtig – auch die Fähigkeit, „in schwerer See Kurs zu halten“. Immer wieder den „inneren Schweinehund“ in seine Schranken zu weisen und kurzfristige Impulse zugunsten längerfristiger Werte zurückzustellen, sind das Kernelement der Selbstdisziplinierung. Gerade bei schwierigen oder langweiligen Aufgaben und bei Ablenkungen bedarf es der Fähigkeit, sich selbst „an der kurzen Leine zu führen“, bis die Aufgabe erfüllt ist. Gewissenhafte Menschen verfügen über einen „inneren Dompteur“, der die lustorientierten Bedürfnisse gut mit den verabredeten bzw. versprochenen Pflichten ausbalanciert.

Neben einem gewissen Leistungsstreben kommen Eigenschaften hinzu, die man mit Besonnenheit, Ordnungsliebe und Kompetenz beschreiben könnte. Zur Ordnung denke ich nicht nur an den aufgeräumten Arbeitsplatz und das „richtige“ Werkzeug, sondern auch an eine haltgebende Struktur im Alltag. Das wird besonders im Alter, wenn man allein ist, wichtig. Zuverlässigkeit und ein Mindestmaß an Berechenbarkeit, wie Pünktlichkeit und Rücksichtnahme, sowie eine freundliche Zugewandtheit sind Kriterien für einen Berufs- und Lebenserfolg.

Gewissenhafte Menschen leben in glücklicheren und stabileren Beziehungen. Außerdem leben sie zufriedener und länger.

Wir können uns ständig selbst entscheiden, welche Wesenszüge wir kultivieren und ausleben wollen.

Gut

Zu kaum einem anderen Wort findet man im Wörterbuch der Synonyme so viele Begriffe und Bedeutungen wie zum Wort *gut.* Die ursprüngliche Bedeutung war etwa: „in ein Baugefüge, in eine menschliche Gemeinschaft passend“. Der Sinn des Adjektivs war gleichbedeutend mit brauchbar, tauglich, günstig, tüchtig ... Heute steht das Wort für eine Unsumme von positiv besetzten Konnotationen. Immer stellt es das Angenehme, das Gewollte im Gegensatz zum Schlechten, Schwachen und Bösen dar. Substantiviert ist das „Gut“ z.B. ein (landwirtschaftlicher) Besitz, ein Vermögen aber (in der Schifffahrtsprache) die Bezeichnung für sämtliches Tauwerk in der Takelage eines Schiffes.

„Edel sei der Mensch, hilfreich und gut“, sagte der Dichter. Schnell geraten diese Begriffe in eine Schieflage, wenn man im Geschäftsleben nach guten = günstigen, gewinnbringenden Verfahren forscht, um einen besseren Umsatz zu machen – oft unter Aufweichung eines moralischen Anspruchs.

In der Wirtschaftstheorie spielen die materiellen Güter eine entscheidende Rolle, immaterielle Güter werden oft unter dem Aspekt des Profits gebeugt: Zu oft wird das Nützliche, das Profitable zur Richtschnur des Handelns, nicht das Gute. (Wir wissen auch, dass nicht immer „die Guten“ siegen!)

Menschen wollen gut leben und behandelt werden. Die meisten möchten gut sein. Eine Aufgabe des Staates besteht darin, Bedingungen zu schaffen, die dies ermöglichen. Werden Güter – wirklich oder vermeintlich – aber knapp (Wasser, Land, Nahrung, Wohnraum, saubere Luft ...), kommt es zu Spannungen und Auseinandersetzungen und „das gute Leben“ hat dann rasch ein Ende. Aber auch in Notlagen sind Menschen zu Güte und Sittlichkeit, zu Hilfsbereitschaft und Wohlwollen befähigt. Ja, gerade in schwierigen Situationen zeigt sich der wahre Kern einer Persönlichkeit. „Das Gute – dieser Satz steht fest – ist stets das Böse, was man lässt", wie Wilhelm Busch formulierte. Auch die Unterlassung des Guten kann zum gleichen Schaden führen wie die Ausübung des Bösen. „Das Gute ist dadurch, dass ich es will, und sonst ist es gar nicht: Es ist der Ausdruck der Freiheit" (Kierkegaard).

Auch unzählige Worte von gegensätzlicher Bedeutung (Antonyme) listet das Wörterbuch auf: Der Mensch ist eben auch zu den größten Scheußlichkeiten fähig, vom schlechten Benehmen bis zur Bereitschaft zum Genozid. Selbst der gute Umgang mit sich selbst ist längst nicht immer gewährleistet: Gut gelaunt, gut ausgeschlafen, gut gesinnt, gutartig und gutwillig zu sein, sind zierliche, aber stabile Säulen des Wohlbefindens.

Halb voll – halb leer

Es ist unsere Einstellung zu den Menschen und den Dingen, die darüber entscheidet, ob wir Freude oder eher Frust erleben. Wenn ein in sich selbst „kleiner" Mensch alles mit dem Maß seiner eigenen, meist unerfüllten Wünsche und Vorstellungen bewertet, muss er unglücklich sein. Es ist der bittere Grundton, der aus ihm spricht, weil er sich als zu kurz gekommen, benachteiligt oder gar ständig beleidigt erlebt. Eine derartige Kritik und die damit verbundene Abwertung anderer Menschen und ihrer Werke soll ihn selbst scheinbar größer machen. Eine angemaßte Kompetenz lässt ihn „werten", ohne dass er selbst in der Lage wäre, Vorbild zu sein.

Der ständige – ausschließliche – Blick auf die Mängel oder Versäumnisse, Schwächen und „Unebenheiten" bzw. Fehler ist nicht in erster Linie förderliche Kritik, sondern Beschämung, Besserwisserei, Anmaßung und Intoleranz. Wer die Sicht nicht auf das Ganze und auf das Gute hat, wird in seiner Lebens-Wirklichkeit stehenbleiben und schrumpfen. Es geht nicht um plattes Loben oder „Alles-gut-Finden" – sondern um den Blick auf das, was erfreulich, schön, gut, beeindruckend und letztlich staunenswert ist. Ich kann einen Käfer bestaunen und ein kleines Kind – aber auch die Lebensleistung eines Menschen, die Wolken am Himmel oder die großartige Natur. Es ist eine gute Methode, Menschen zu sagen, was einem an ihnen gefällt – vorausgesetzt man dosiert solch eine Anerkennung sparsam wie ein kräftiges Gewürz in der Küche.

Es ist eine irrige Meinung, anzunehmen, dass man größer werden könne, wenn man andere klein macht! Wer immer nur – oder vorwiegend – die Schramme an seinem Auto sieht, wird damit nicht glücklich. Es ist eine Kunst des Zusammenlebens, auch einmal „ein Auge zuzudrücken“: In geheimer Komplizenschaft, als (Selbst-) Ironie oder auch – mit einem Lächeln verbunden – als erotisches Signal. Ist nicht die Art, wie jemand etwas sieht, wichtiger als das, was er sieht? Um besser, klarer und objektiver zu sehen, sollte man öfter den Blickwinkel ändern … und freundlich sein.

Handschreiben

Manufaktur hat Konjunktur: Handgefertigtes, Selbstgemachtes, der persönliche Schriftzug ... Leider hat das Handgeschriebene nur noch Seltenheitswert – die Drucksachen sind am PC gefertigt. Zuweilen spricht man seinen Text – und gedruckt verlässt er die Maschine.

Umso wertvoller sind von Hand geschriebene Briefe, die in Form, Stil und Inhalt von der Kultiviertheit der Schreiberin oder des Verfassers zeugen. Die schreibende Hand ist eine Verlängerung unseres Gehirns, ein Gehilfe zur Visualisierung des Geistes. Es sind die persönlichsten Gedanken, die für Wert befunden werden, um auf „edlem" Papier mitgeteilt zu werden.

Der Brief könnte das letzte Bollwerk gegen ungefragte Mitleser elektronisch übermittelter Informationen sein. Briefe bergen oft Geheimnisse, tragen Gefühle, geben Einblicke in das Befinden des Schreibenden und regen zum Austausch von langsamen Gedanken an. Das hingeschriebene und übermittelte Wort hat Wucht – und erhält durch die persönliche Handschrift Charakter und Bedeutung über den Augenblick hinaus.

Sowohl der Prozess des Schreibens als auch das Lesen eines Briefes stellen Akte unseres kulturellen Lebens dar. Der Trend geht – leider – zur kurzen, gar kürzesten Information „an alle". Oberflächlichkeit wird gestreut und verliert die Bedeutung der Intimität.

Im Brief – in seiner Wechselseitigkeit – werden Beziehungen gestaltet, wenn wirklich tiefergrabende Gedanken entwickelt werden. Einen „guten" Brief zu lesen, berührt Tiefenschichten der Seele. Über seinen Inhalt nachzuspüren, beschäftigt den Geist, und das wiederum fördert die Reflektion. So kann Geschriebenes wirken – und in der Zeit verändern sich Adressat und wahrscheinlich auch der Absender. „Was wird aus meinem Brief herausgelesen?“ – „Habe ich mich richtig ausgedrückt?“ – „Nimmt sie mir meine Offenheit nicht übel?“ ... Und als Empfänger kommen ebenfalls Denkprozesse in Gang: „Was meint sie wohl genau damit?“ – „Warum hat er das jetzt (erst) gesagt?“... Wir bilden uns unsere Meinung und spielen sie hin und her.

Briefwechsel laufen meist über längere Zeiträume und gewährleisten Klärung und oft auch personelles Wachstum. Briefe liest man öfter – sie speichern ein Stück Kulturgeschichte.

Hang zur Selbstüberschätzung

Im Kleinkindalter entscheidet sich bereits die „Haltung sich selbst gegenüber“: Das kleine Mädchen sagt: „Das weiß ich, das kann ich, ich will …“ Oder ein anderes – oder ein Junge – sagt sich: „Nee, das kann ich nicht … weiß nicht …!“ Die Fähigkeit, sich selbst zu „ermächtigen“, also etwas zu tun und damit Wirkung zu erzielen, entscheidet über ein gesundes, über ein unterentwickeltes oder auch über ein übersteigertes Selbstwertgefühl.

Sind ältere Mitmenschen noch mit dem Begriff der Genügsamkeit und Selbstbeschränkung – in Theorie und Praxis – aufgewachsen, so hapert es Jüngeren heute im Allgemeinen nicht an einer gehörigen Portion „Unbescheidenheit“.

Damit wird aber nur ein allgemeiner in uns Menschen steckender Zug kultiviert: Es gehört zu unserer tiefsten Überzeugung, dass wir kompetente und selbstbestimmte Wesen sind, die aufgrund ihres Wissens vernünftige Entscheidungen treffen. Wir glauben, „Herr im eigenen Haus“ zu sein und in grandioser Schönfärberei zu wissen, was ist und was nicht! Wie wenig wir wirklich wissen, wird immer wieder an ganz trivialen, alltäglichen Phänomenen nachweisbar: Erklären Sie die Wirkweise des Internets oder auch nur die Funktionsweise eines Reißverschlusses, einer Klospülung oder einer automatischen Uhr … Ganz abgesehen von Naturphänomenen: Erdbeben, Gewitter, Regenbogen, Ebbe und Flut … Und dann wollen wir behaupten, wir verstünden das Seelenleben unserer Partner! Der angeblich kluge Mensch neigt dazu, die Leerstelle, also das, was wir nicht wissen, mit Halbwissen, Vermutungen und unbewiesenen Spekulationen zuzuranken. Wir erklären und interpretieren alles um uns herum – auf einem meist recht primitiven Niveau. Als Erwachsene überschätzen wir die Ausführlichkeit und die Tiefe unseres Wissensstandes permanent. Wir „schwatzen“ von Dingen und Zusammenhängen, die wir letztlich nicht oder nur sehr rudimentär verstehen. Deswegen sind naive Kinderfragen so wertvoll! Sie zwingen uns, in die Tiefe des Verstehens vorzudringen – und wenn wir uns gegenüber ehrlich sind, merken wir, wie gering unser Wissen wirklich ist.

Aber es gibt auch diese positive Seite der Selbstüberschätzung: Schwierige Dinge (Entdeckungen oder Erfindungen, große Bau-Projekte, ein Buch zu schreiben ...) würden wir erst gar nicht angehen, wenn wir vorher wüssten, wie kompliziert sich die Sachen gestalten können. Einmal angefangen bekommen Vorhaben, die man sich *eigentlich* nicht zumuten sollte, eine Eigendynamik, die uns zu großen Leistungen davontragen kann. Auch unser Gehirn „betrügt" uns im Nachhinein sehr häufig: Hat man in der anstrengenden Schaffensfrage gelitten „wie Sau", erinnert man sich im Nachhinein oft mit einer gewissen Euphorie an jene Zeit (Kindererziehung, Bergtour, Examina ...). Die Vergangenheit wird verklärt – und immer sind wir „die Helden"! Ich wusste es ja schon immer ...

Hinter-Gedanken

Wenn wir denken, stellen wir – bewusst oder unbewusst – eine Beziehung zur Umwelt oder zu uns selbst her. Wir nehmen Informationen auf, sammeln, bündeln und bewerten sie und entscheiden, ob sie uns nützen oder helfen, die Welt, uns selbst oder Probleme zu verstehen. Hinter allen Gedanken steckt die Frage nach dem Sinn. An uns selbst zu denken und über uns nachzudenken, ist ein wesentlicher Teil unserer Identität.

Denken ist eine selbständige und selbstbestimmte Tätigkeit des Geistes, die an Aufgaben, Fragen oder Ziele gebunden ist. Die Aufklärung hat uns das „freie Denken" beschert: Im Denken unterwirft sich die Vernunft keinen anderen Gesetzen; die Gedanken seien frei (sagte Kant). Im Denken bilden wir uns ein Urteil, und Urteile führen zu einer individuellen Gesinnung oder Einstellung.

Der Mensch lernt sich selbst zu erkennen und einzuschätzen. Dabei pendelt er zwischen Größenphantasien und Minderwertigkeitsgefühlen. Erst ein reifer Mensch erkennt, dass er weder allmächtig noch ohnmächtig oder wertlos ist. Es sind unsere Gedanken, die uns überheblich, bescheiden, demütig, realistisch oder aufsässig machen! Hinter unseren Gedanken stecken oft Absichten, die uns anders darstellen wollen, als wir wirklich sind. Auch in der Kommunikation sagen wir oft Dinge, die eine wirkliche Absicht verschleiern sollen (Verkaufsgespräche, Pairing, Verhandlungen ... Das Lächeln des Schurken ...). Andererseits können wir unser Empfinden oft nicht in Worte fassen. Wir spüren dann nur eine Wirkung körperlich (bei Erregung, Begeisterung, Furcht ...). Wir müssen anerkennen, dass auch die Wissenschaft oft nicht auf wesentliche Fragen Antworten zu geben weiß – auch wenn sie so tut, als könne sie es! (Ist der Tod endgültig? Wie ist er? Was ist der Sinn unseres Lebens?).

Unter Hintergedanken verstehen wir etwas Gemeines, etwas Unredliches. Das Verschweigen der Wahrheit, die Vermeidung der Direktheit, das Verschleiern der Absichten wird uns als Boshaftigkeit unterstellt. Manche sagen dazu auch: Diplomatie. Und es ist eine Kunst, sich wechselseitig zu verstehen und die – wirklichen – Gedanken des anderen zu ergründen. Wir übersetzen uns ständig wechselseitig. Immer wieder fragen sich jung Verliebte: *Was denkst du jetzt*? „Gedanken sind – bisher – unser einzig gesichertes Gut“ (G. Steiner).

Ich sollte

... eigentlich weniger essen, mehr Sport treiben, schon längst den Brief geschrieben haben ... Wir sind in einer Unwucht, wenn wir spüren oder gar gesagt bekommen, was wir „eigentlich“ schon längst getan haben sollten. Gern geben wir anderen gute Ratschläge – aber es gelingt uns selbst nicht immer, die kleinen Versäumnisse hinter uns zu bringen. Was ist das? Wie kommt das?

Das ist nicht das Ergebnis von rationalen Entscheidungen, es ist etwas sehr Irrationales. Wir haben – oft mühsam – gelernt, selbständig zu denken und selbstbestimmt zu handeln. Kommt jetzt eine als „Befehl“ verkleidete Aufforderung, schalten wir auf stur. In uns wächst ein innerer Widerstand (Reaktanz) gegen den erlebten „Zwang“. „Jetzt nicht ...!“, denken wir und blockieren. Haben wir nicht bereits als Kinder erstmal weitergespielt, wenn wir zum Essen gerufen wurden? Wollen wir nicht erst eine Sache beenden oder abschließen, bevor wir etwas Neues anfangen? Wir wollen unsere Selbständigkeit dadurch dokumentieren, dass wir gerade das n i c h t tun, was von uns verlangt wird.

Das Zaudern und Hinausschieben (Prokastination) hat auch die Bedeutung, sich selbst in seinem momentanen Zustand nicht verunsichern zu lassen; denn jede „Arbeit“ gegen das Lustbedürfnis wird als Störung empfunden. Das Pflaster der Ausrede kaschiert den hässlichen Pickel – und nur scheinbar ist das Problem „erledigt“. Dasselbe Phänomen kennen wir, wenn wir nicht Ordnung halten oder wenn wir nicht rechtzeitig die Blumen gießen oder den Hund ausführen ...

Die vielen kleinen Nachlässigkeiten summieren sich zu einem Morast, der nur durch gelegentliche, große Anstrengungen trockengelegt werden kann. Die kleine regelmäßige Minimal-Disziplin wäre einfacher. Es ist eben auch ein Kennzeichen von Selbständigkeit, seine übernommenen „Pflichten" rechtzeitig zu erledigen.

Immer wieder: das kleine Glück

Unser tief im Gehirn verankertes Belohnungssystem benebelt zuweilen unsere Intelligenz. Es unterscheidet nämlich nicht nach positiven oder negativen Ereignissen: Jede Überraschung ist willkommen und verdient unsere Aufmerksamkeit. Neugierig verlassen wir die langweilige Ruhe, um zu erfahren, was gespielt wird. Wer in bunten Illustrierten etwas über die „Royals“ erfährt; wer sieht, welcher Nachbar am Mülleimer „arbeitet“; wer eine Idee in einen kleinen Artikel verwandelt; wer das neue Automodell kennenlernt ... erweitert seinen Horizont. Selbst die Erwartung oder das Versprechen einer lustvollen Tätigkeit (Essen, Sexualität, Lottogewinn, Weihnachten ...) kann bereits eine euphorische Stimmung erzeugen. Leider wirkt aber auch der verlockende Konsum von Drogen, Nikotin, Alkohol, Süßigkeiten ... als „Lustmacher“ und ist – im Übermaß – zugleich gesundheitsschädlich.

Unsere Gesellschaft ist stark materiell orientiert: Wenn ich etwas tun soll, will ich dafür auch eine Belohnung haben. Das führt langfristig zu einer Abhängigkeit: Man tut etwas nicht, weil man es gern tut oder weil es sinnvoll ist, sondern weil es „sich lohnt“. So erleben wir, dass ehrenamtliche Kräfte ihr Engagement dann reduzieren, wenn „hauptamtliche Kräfte“ für die gleichen Tätigkeiten Geld erhalten. Und: Wenn ich Gutes tue, und niemand bemerkt oder honoriert dies, werde ich – im Allgemeinen – bald damit aufhören. Oder: Wer uns (Wahl-) Versprechungen macht und nicht einhält, wird nicht wiedergewählt (wenn es Alternativen gibt!).

Das im Limbischen System des Gehirns angesiedelte Belohnungssystem (zumindest liegen dort die wesentlichen Belohnungszentren) produziert u.a. körpereigene Opioide – und wir erleben immer ein kleines Glücksgefühl, wenn wir etwas geschafft haben. Die moderne Kommunikation mit Hilfe der elektronischen Medien beschert uns – neugierig wie wir sind – stets neue Befriedigungen. Und jeder entwickelt seine eigenen Vorstellungen davon, was für ihn Belohnungen sind. (Für Kinder gelten da oft ganz andere Reize als ihre Eltern meinen!)

Noch eine Überlegung ist in diesem Zusammenhang interessant. In der Pädagogik (und bei der elterlichen Erziehung) lenken wir oft die Aufmerksamkeit auf das Fehlverhalten (rote Tinte im Schulheft, Versäumnisse bei Aufgaben, vergessene Pflichten, Geschwindigkeitsübertretungen usw.). Wir lernen aber am besten, wenn wir für positives Verhalten bestätigt oder (in einer schwachen Form) belohnt werden.

Wir wollen „belohnt“ werden; nicht primär mit Geld u.ä., sondern durch Anerkennung, Zugehörigkeit, Beachtung und Respekt.

Irrtümer

Wer denkt, denkt zuweilen auch mal falsch – und erkennt vielleicht seinen Irrtum. Erst im Irren erkennen wir, dass der Weg zu einer anderen Wahrheit durch die Tiefe des Zweifels geht. Gern denken und handeln wir, indem wir „einfach" denken und handeln: Wir glauben, dass unser Leben unglaublich lange währt. Wir meinen, dass Abkürzungen uns rascher ans Ziel bringen. Wir hoffen, dass das einfache Tun einen schnelleren Erfolg und mehr Zufriedenheit bringt.

Wir haben die Vorstellung, dass wir die schönen Dinge und Erlebnisse des Lebens beliebig oft wiederholen könnten. Und hoffen wir nicht, unser Tod käme erst, wenn wir wirklich dafür bereit, möglicherweise sogar „vollendet" sind?

Irrtümer, die eigentlich menschlich und liebenswürdig machen, werden dann unangenehm, wenn der Irrende sich weigert, tiefer zu schürfen, um neue Wirklichkeiten und Wahrheiten zu erkennen: Wie unter Vollnarkose taumelt er weiter in seiner Welt, ohne die Wegweiser zu beachten. Von Mahatma Gandhi stammt der Satz: „Ein Bekennen des Irrtums ist einem Besen vergleichbar, der den Schmutz wegfegt und den Boden reiner zurücklässt, als er gewesen".

Wie man beim Verirren oft einen Ort verfehlt, dafür aber einen anderen, oft interessanteren entdeckt, ist auch der Irrtum zuweilen die Quelle völlig neuer Erkenntnisse. Man verirrt sich leicht, wenn man nur hinterherläuft – und so irrt man sich auch, wenn man dem so leicht und locker Dahingesprochenen mehr glaubt, als wenn man sich des eigenen Nachdenkens befleißigte. Zeitgeist-Unsinn wie: *Alle können ständig glücklich sein, man muss nur positiv denken, Geiz ist geil* oder: *Ich bin stark, schön, geistreich, wenn ich es nur denke …* folgt dem

Trend, alles zu erleichtern, alles immer leichter zu machen – so leicht, dass es wie Stroh auf Pfützen schwimmt und damit die Perlen am Grund des Sees der klugen Anstrengung verbirgt.

Es ist ein Irrtum, wenn wir glauben, es ginge uns gut, wenn wir nur an uns denken. Es sollte immer einen gewissen „Arbeitsabstand" zu sich selbst und seinen Problemen geben – das gilt für Personen wie für Nationen.

Ist das nicht ver-rückt?

Was alle tun und was üblich ist, bezeichnen wir als normal. Weicht ein Verhalten von dem ab, nennen wir es schnell verrückt, ab-gerückt vom normalen Verhalten. Ein solches Verhalten hat aber auch seine eigene Logik. So haben ängstliche Menschen erfahren, dass ihre „neurotische Störung" ihnen Zuwendung, Beachtung und Hilfestellung einbringt: Man kümmert sich um sie – was man vielleicht nicht täte, wenn sie „nur normal" wären. Rauchen ist offensichtlich ungesund – und doch rauchen kluge Menschen; u.a. weil ihnen der Weg zum Aufhören zu anstrengend ist und weil die kurzfristige Befriedigung Unlust beseitigt. Zuwendung erhält man vom Arzt und Therapeuten, wenn man Beschwerden hat und auf Krankenschein Betreuung und Behandlung (Verständnis, Massage) erfährt.

Man arbeitet nicht, wenn man – vom Staat – auch fürs Nichtstun fast das gleiche Geld bekommt. In der *NZZ am Sonntag* (Schweizer Zeitung) stand ein Bericht, dass Mütter ihre Kinder absichtlich „krankmachen", um sich selbst als fürsorgliche, pflegende Personen darzustellen bzw. um dem behandelnden Arzt die eigene große Gelassenheit und Kompetenz in der Interaktion mit der medizinischen Autorität für den „Heilungsprozess" vorzugaukeln. „Eltern mit kranken Kindern können auf die Zuwendung und Aufmerksamkeit der Mitmenschen zählen". Verrückt, oder?

„Es geschieht meiner Mutter ganz recht", sagt das Kind im bitterkalten Winter, „wenn mir die Füße erfrieren; warum hat sie mir nicht die schönen Stiefel gekauft!" Manche Jugendliche bringen sich um, weil sie so ihre Eltern „bestrafen" wollen. Man zeigt einem unbeliebten Lehrer seine Missachtung dadurch, dass man in diesem Fach einfach nicht lernt. Und wer in seiner Klasse oder Schule nicht gelitten ist, wird möglicherweise zum Amok-Täter und nimmt andere, unschuldige Opfer mit in den Tod. Ist das „nur“ krank?

Aber Menschen sagen auch, dass sie keine berufliche Karriere gemacht haben, weil sie sich so besser der Familie widmen konnten. Oder weil sie nicht bereit waren, sich irgendwelchen „Aufstiegsregeln“ zu unterziehen. Ehefrauen, die von ihren Männern geschlagen werden, bleiben in einer „Hassbindung“ bei ihnen – weil ihnen die gelegentliche „Züchtigung“ lieber ist, als allein zu sein. (Die „Rache“ kommt dann im Alter, wenn der Mann ein Pflegefall geworden ist ...).

Damit soll gesagt werden, dass der Mensch oft aus seinem Leiden einen „verdeckten Gewinn“ zieht. Wir leben in „Systemen“ (Partnerschaften, Gruppen, im Betrieb, in der Nachbarschaft usw.) und wollen in diesen Formen des Zusammenlebens Beachtung, Zuwendung und Selbstbestätigung. Dazu bedienen wir uns sehr oft der Unaufrichtigkeit – aber wir fallen auch immer mal wieder in uns nicht bewusste „Kleinkind-Verhaltensweisen“ zurück. Wir spüren, dass wir nicht vernünftig sind, finden aber nicht die Kraft, den kurzfristigen „verdeckten Gewinn“ zu erkennen, um uns auf „normalem“ Weg Bestätigung zu verschaffen.

Ja – Nein

Täglich entscheiden wir viele Male. Wir sagen „Ja“ zu dem und damit auch „Nein“ zu etwas Anderem. Gern signalisieren wir mit einem freudigen Ja, dass wir dabei sind, mittun und die Gemeinschaft der ebenso Denkenden stärken. Menschen sind geborene Konformisten: So wie alle möchten wir sein und tun – und zugleich haben wir das Bedürfnis, individuell zu sein, vielleicht sogar jemand Besonderes. Ein Widerspruch? Ja und Nein – weil wir eben auch darin begabt sind, Kompromisse einzugehen. In vielen Fällen sind wir sowohl ängstlich als auch in unserer Neugier zugleich etwas mutig. Wir können mürrisch sein – wenn aber ein Telefonanruf kommt, sind wir ein paar Sekunden später von erlesener Höflichkeit. Wir können auch zu dem, was wir wirklich gern täten, deutlich Nein sagen, weil unsere (angeblich) gute Erziehung von unglaublich vielen Verboten gekennzeichnet ist: „Das tut man nicht!“

Wir werden gebeten, eine kleine Aufgabe als Gefälligkeit zu übernehmen. Obwohl wir gerade viel zu tun haben und eigentlich Nein sagen müssten/sollten, sagen wir Ja – und ärgern uns gleich danach, weil wir uns als überrumpelt erleben. Aber dieser Mechanismus hat auch die Quelle, dass wir zu „feige“ sind, ein klares Nein zu sagen und dies höflich, aber bestimmt zu begründen. Ein Nein belastet – wie wir meinen – die Beziehung und fordert uns oft zu Erklärungen, die wir – ganz ehrlich – nicht sagen wollen! Ein Ja dagegen wird ohne Begründung sofort und gern angenommen. In der Majorität haben Menschen – denken sie – immer recht! Das stimmt so nicht! Oft denken sie nicht einmal darüber nach, ob dieses Ja richtig, sinnvoll, moralisch korrekt ist.

Und so freuen wir uns, wenn es in Organisationen, Verbänden, Parteien, Betrieben, Religionsgemeinschaften usw. noch einige Menschen gibt, die aus ihrer „herzlichen Überzeugung“ heraus ein deutliches Nein sagen können: „Nein, das sehe ich anders“, oder: „Da mache ich nicht mit!“ oder: „Mir ist unwohl dabei ..., darüber möchte ich erst einmal in Ruhe nachdenken!“ Nicht immer werden solche deutlichen Voten von der Mehrheit oder von Vorgesetzten geschätzt, sie sind aber so wichtig, um nicht der Masse nachzulaufen und in ihren Jubel bzw. ihre Schmährufe einzustimmen. Natürlich gibt es auch querulatorische Nein-Sager, wie es eben auch stumme Mitläufer und Entscheidungs-Drückeberger gibt.

Entscheidungen haben etwas mit einer inneren Haltung zu tun. Entschiedenheit ist das Ergebnis einer längerdauernden Abwägung. Zu sich und seinem Leben Ja zu sagen, ist Lebendigkeit. Ein Nein lässt alles leicht tot aussehen. Nur in Krisen- und Notzeiten funktioniert unser Gehirn gut im Auto-Pilot-Status. Das ist auch meist die Grundlage für ein Verhalten, das man bisher als erfolgreich erlebt hat: Die Intuition (das Bauchgefühl) ist gelernt und stützt sich auf das bisherige „Überlebensmanagement“.

Jetzt mal ehrlich

Wie oft hören und sagen wir vielleicht auch: „Wenn ich ehrlich sein soll …“, und dann kommt eine mehr oder weniger offene Meinung. Die Formulierung: „Ich will mal ganz ehrlich sein …“ impliziert, dass viele andere oder gar die meisten anderen Aussagen, die der Betreffende äußert, nicht unbedingt ehrlich sind. Es scheint fragwürdig zu sein, wenn jemand seine Ehrlichkeit plakatiert – meist steckt eine besondere Absicht dahinter; das Kommende wirkt dann wie ein Angriff. Es genügt also wohl nicht, nur den Eindruck der Ehrlichkeit zu erwecken, sondern man sollte auch den Verdacht, ansonsten unehrlich zu sein, vermeiden. Glaubwürdig sind wir, wenn wir Stimmigkeit zwischen Denken und Tun, zwischen Reden und Handeln herstellen, also unseren Überzeugungen folgen.

Sehr häufig verstößt die Ehrlichkeit gegen die guten Manieren des höflichen Umgangs miteinander. Man kann nicht immer so direkt sein, wie man möchte: Vielleicht ist man es seinem Kind gegenüber – aber schon sich selbst gegenüber ist eine völlige Ehrlichkeit oft deprimierend. Als „Fehlersuchmaschine“ wären wir Menschen bei völliger Ehrlichkeit oft nicht in der Lage, etwas an uns oder an anderen Menschen zu loben oder anzuerkennen. Die „kleinen Lügen“ machen ja auch Vergnügen! Wer allerdings rüpelhaft und unbedacht meint, stets seine „ehrliche Meinung“ zu allem und jedem ausbreiten zu müssen, bläht sein Ego auf und belastet mögliche gute Beziehungen.

Wir sind so veranlagt, dass wir davon überzeugt sind, kompetent und selbstbestimmt zu sein. Wir glauben zum Beispiel, wir zögen am Morgen die Kleidung an, die u n s gefällt. In Wirklichkeit ziehen wir an, was üblich ist, anderen oder unserer Bezugsgruppe gefällt. Unser Gehirn betreibt ständig „Schönfärberei“ – und wir haben damit Erfolg. Pessimisten und Depressive neigen dazu, ihre einseitige Sichtweise der Welt „nach unten hin“ zu übertreiben. Erfolgreiche Menschen stellen ihre Person und ihre Leistungen in ein möglichst günstiges Licht. So gesehen bedeutet „Ehrlichkeit“ auch das Zugeständnis, sich ständig den Bedingungen im Rahmen einer selbstverantworteten Moralität an- oder einzupassen. Wir wissen ja, dass wir von unseren Mitmenschen nicht immer und unter allen Umständen eine völlige Offenheit erwarten dürfen. Wenn wir sensibel genug sind, können wir auch oft das Schweigen unserer Freunde „verstehen“. Besonders in schwierigen Lebenslagen sollten wir flexibel sein u n d zugleich klare Grenzen beachten, einhalten und von unseren Mitmenschen fordern.

Mangelnde Ehrlichkeit ist meist auch ein Mangel an Mut und Taktgefühl. Es macht einen Unterschied, ob man sich in der „Außenwelt“ zuweilen diplomatisch verhält oder ob man sich im Gespräch mit sich selbst ein guter, ehrlicher Freund bleibt. Ehrlichkeit sich selbst gegenüber ist ein gutes Bollwerk gegen Verführungen aller Art, sie benötigt bestimmte „Auszeiten“ an ruhigen Orten.

Seien wir ehrlich: Wir neigen dazu, sehr unterschiedliche „Wertungen“ in unsere Beziehungen einzubringen. Nur dort, wo wir grundsätzlich sehr offen und ehrlich miteinander umgehen können, gedeiht eine respektvolle Freundschaft.

Kontext

Alles, was wir tun oder lassen steht in einem ethischen Kontext; d.h. wir tun es in einer uns eigenen Haltung und Bestimmung, Absicht und – oft – Gewöhnlichkeit. Man tut etwas, weil man es schon immer so tat oder weil andere Menschen, denen ich mich verbunden fühle, es auch so machen. Wir denken und handeln in unserer von jüdisch-christlichen Wertvorstellungen geprägten Gesellschaft. Die Begriffe Wahrheit, Gerechtigkeit, Frieden, Glück und Güte stellen Werte dar, denen wir uns annähern können und sollen. Dabei wird gefordert, dass man seinen Egoismus zugunsten des Altruismus kontrollieren soll. Aber wir leben auch in den Ideen: „Hast du was, bist du was!" oder: „Ohne Fleiß kein Preis." oder: „Beeil dich, und trödle nicht!" oder: „Ein Junge weint nicht!" usw.

Alle diese Aussagen und die dahinter verborgenen „Werte" müssen sich heute einer harten gesellschaftlichen Prüfung unterziehen. Eigene Werthaltungen und Überzeugungen führen zwingend zu Abgrenzungen gegen andere Meinungen; und man wird letztlich immer für die eigenen Prioritäten „kämpfen". Für ein friedvolles Leben ist es aber wichtig, Wertvorstellungen oder Positionen von anderen Menschen oder Volksgruppen zu akzeptieren, ohne deswegen seine eigene Perspektive aufzugeben (Pluralismustoleranz). Das eröffnet auch die Möglichkeit zur Distanz der eigenen Meinung gegenüber; denn nicht nur meine Lebenswelt ist Realität. Andere Menschen leben in „ihrer Welt."

Nur dort, wo glaubwürdig Sagen/Denken und Tun übereinstimmen, entsteht Glaubwürdigkeit. Wir tun, was wir sagen – und wir sagen, was wir tun. Alle leben in verschiedenen Rollen: Mutter, Partnerin, Kollegin, Tochter, Sportfreundin und Hausfrau ... oder Polizist, Bruder, Sohn, Vereinsvorsitzender und Stadtrat ... Es ist der jeweilige soziale und zeitgeschichtliche Kontext, der unser Verhalten mitbestimmt. Wer erfolgreich sein und etwas erreichen will, muss auch die ungeschriebenen „Systemspielregeln“ seines Aktionsfeldes kennen und berücksichtigen. Es kommt nicht nur darauf an, w a s man tut, sondern immer auch w i e man es tut. Es ist heute gut nachweisbar, dass dann das emotionale und das kognitive Gehirn, also limbisches und kortikales System, harmonisch aufeinander abgestimmt zusammenarbeiten. So entstehen viel weniger negativer Stress, Panikattacken, Depressionen oder Herzinfarkte.

Konzentration

Es ist herrlich, seinen Geist schweifen zu lassen und jeder Anregung nach Lust und Laune folgen zu können oder auch nicht. Urlaubsstimmung. Sich dem hingeben, was gerade interessiert. Wo allerdings die Aufmerksamkeit und die Bindung an ein gesetztes Ziel erforderlich ist, wo Aufgaben mit einem gewissen Schwierigkeitsgrad in guter oder optimaler Qualität erfüllt werden müssen, ist Konzentration der seelischen Kräfte erforderlich.

Eine äußere Konzentration erreichen wir in unserer „Ablenkungswelt" indem wir alle möglichen Störungen aus der Umwelt minimieren oder vermeiden: Stille Räume, kein Publikumsverkehr, keine Telefonate, keine Recherche im Internet, keine ständige Erreichbarkeit für alle etc. Das geht in der Büroarbeitswelt oft nicht. Die Folgen einer ständigen Störung der Konzentration sind u.a. gehäufte Fehleranfälligkeit, Unzufriedenheit und keine klaren Benennungen der Prioritäten: Wir werden ständig in unserem Denken und Tun unterbrochen.

Seelische Kräfte sammelt man (innere Konzentration), indem man seine Aufmerksamkeit, seine Interessen und seine Freude am Tun ungestört auf eine Sache/ein Projekt fokussiert. Am besten geschieht das in Gefahrensituationen: Wenn es brennt, sind wir nur mit Löschen oder Flucht beschäftigt; alles andere wird nebensächlich. Also: Es gehört auch eine Bedeutungszuschreibung dazu: Wie wichtig ist mir meine Arbeit? Da sich jeder gesunde Mensch konzentrieren kann, ist es hilfreich, die Wichtigkeit der Arbeit oder des Arbeitsabschnitts für sich zu begreifen und ggf. anderen indirekt mitbeteiligten Personen mitzuteilen. Erfolgreiche Menschen sehen auch und besonders in schwierigen Aufgaben stets eine Herausforderung. Sie stellen sich ihnen. Eine gute Atmosphäre kann hilfreich sein, ebenso das optimale Werkzeug, die günstigen Licht- und Temperaturbedingungen. Wenn uns eine Arbeit nicht so viel Spaß macht, kann ein zügiges, aber auch zeitlimitiertes Herangehen hilfreich sein – besonders wenn man sich vorstellt, wie man sich fühlt, wenn man die Aufgabe erledigt hat. Angefangen verliert man sich bei guter Konzentration in sein Tun. Eine weitere Forderung wäre es, seine Aufgabe als eine Pflicht zu verstehen: Dafür bekommen wir unseren Lohn. Und es ist gescheit, das, was man tun muss, wenigstens gern zu tun!

Es ist auch zu überlegen, ob Unterbrechungen gut und hilfreich sind. Im Grunde: Ja. Aber zur richtigen Zeit, in der optimalen Form einer „Umschaltung“ zu dem, was man bisher tat (also: Gehen, tief atmen, ins Grüne sehen, evtl. Beine hochlegen ...). Pausen sollten eingelegt werden, bevor man erschöpft ist. Wenn man fertig ist, darf man sich mit einem gewissen Stolz selbst auf die Schulter klopfen – sich eventuell eine Belohnung gönnen.

Kopf und Bauch

Wir Menschen halten uns für kopfgesteuert (Verstand) und handeln doch oft aus dem Bauch (gefühlsgesteuert) heraus. Ein Widerspruch? Ja, wenn man nur eine Entscheidungsdimension in Betracht zieht. Nein, wenn man beide „Größen" gleichberechtigt einbezieht und miteinander ins Spiel bringt. Unsere intuitiven Gefühle sind viel ursprünglicher als unsere angelernten, rationalen Gedanken. Wir haben immer zwei Entscheidungsrichtungen, die uns lenken: Angst und Lust. Wenn wir dann nicht handeln können, erleben wir Ohnmacht oder, im Sinne der Befriedigung unseres Bedürfnisses, Lust.

Im Kleinkind treten Lust- und Unlustgefühle von Anfang an hervor, wohingegen der Verstand oder die Vernunft sich erst langsam durch eine sensible Erziehung entwickeln. Der Erwachsene wird sich durch eine wertegesteuerte Selbsterziehung immer wieder bemühen müssen, einen Kompromiss zwischen diesen beiden Tendenzen herzustellen. Wenn es gelingt, diese innere Spannung, diesen „Kampf" um die Vorherrschaft als Spiel zu betrachten, ist man bereits auf dem Weg zur wünschenswerten Gelassenheit ein Stückchen weiter.

Wie ein Schiedsrichter muss das Ich einer Person immer wieder die rationalen, kühlen, sachlichen, logischen und oft nüchternen Argumente des Verstandes zur Kenntnis nehmen – aber eben auch die gefühlsmäßigen Regungen der Sympathie und Antipathie berücksichtigen. Besonders in Einzelfragen kommt es zu einem gewissen Dilemma: *Man sollte ... aber man möchte nicht ...* (oder umgekehrt). Es ist vernünftig, den Kompromiss zwischen den tief in uns verwurzelten Gefühlen und den kulturell vermittelten Verstandskriterien herzustellen. Wer immer nur verstandesorientiert entscheidet und urteilt, macht sich und seine engsten Mitmenschen auf Dauer nicht glücklich. Andererseits wird auch jener, der sich vorwiegend durch seine Gefühle lenken lässt (und keine Regeln anerkennt), keine stabilen Beziehungen aufbauen können. Es gibt auch eine dritte, negative Variante: Man kann sich nicht entscheiden und brütet wie gelähmt vor sich hin und kommt zu keinem Entschluss. Ein derartiges längeres, unentschiedenes Abwarten löst im Allgemeinen keine Konflikte, macht unzufrieden und sabotiert an der wichtigen Eigenschaft der Selbstwirksamkeit: Man nimmt dann keinen Einfluss und kann sein Verhalten nicht selbst steuern. In einer ohnmächtigen Schreckstarre verharrt man dann und ist kraftlos, unsicher und völlig unzufrieden.

Unser Seelenleben ist nun einmal nie eindeutig. Die stets vorhandene Zwiespältigkeit und Vieldeutigkeit lehren uns, öfter innezuhalten und mit einer Portion Humor zu sich selbst und den Dingen auf Distanz zu gehen. Gefühle sind zuweilen sehr vernünftig und der Verstand orientiert sich auch an dem Empfinden. Also Hirn und Bauch beachten. Spielerisch können diese beiden Instanzen sich einigen. Und wenn eine Entscheidung – nach reiflichem Nachspüren – getroffen ist, dann ist es auch gut. Dann sollte nicht mehr gezweifelt oder bedauert werden.

Körper

Wir sind mehr als unser Körper – unser Körper „trägt“ uns. Alles, was wir empfinden und erleben, spüren wir auch körperlich. Unsere Sinneseindrücke und ihre Bewertungen „machen“ etwas mit uns: Wir fühlen uns wohl oder ängstlich, glücklich oder beschämt: Wir jubeln oder weinen, werden nachdenklich oder lassen unsere Gedanken tanzen ... Unser Körper ist ein wunderbarer Organismus. Wir sollten ihn mehr beachten, mehr pflegen, mehr lieben: Hygiene, Ernährung, ausreichend Erholung und Schlaf nach Belastungen. Gifte und jedes Zuviel wie jedes Zuwenig schädigen das hochkomplexe Zusammenspiel von Drüsen und Organen. Das richtige Maß zu finden, die Balance immer wieder herzustellen, ist eine ewig währende Kunst. Der Körper vergisst nicht; er ist ein ungetreuer Freund: Gibt man ihm in der Jugend nicht das, was er wirklich benötigt, wird er uns später quälen. Der Körper liebt die Wahrheit. Wir sollten ihn nicht als „Nebensache“ behandeln und seine Betreuung weder nur den Ärzten und schon gar nicht den „Fitnessbändern“ überlassen. Wer aber seinem Körper gar zu wohltut, sagt ein Sprichwort, macht selten lange Beine.

Menschen sind dabei, Roboter zu bauen, die fast so wie ein Mensch funktionieren. Viele Abläufe und Leistungen sind durch Apparate und ihre Kombinationen „nachspielbar“ – nicht aber das Seelische, das, was den Körper zum beseelten Leib macht. Aber es sind Geist und Seele, die den Menschen ausmachen. Unser Organismus hat Bedürfnisse und Ziele – das kann ein Computer (noch?) nicht. Sie sind indifferent und nicht moralisch. Geist (das ist nicht das Gehirn!) und Seele verhalten sich zum Körper wie ein Programm zu seinem Computer. Der Körper wird erst durch sein Beleben mit Empfindungen, dem Denken und Fühlen, dem Erfinden und Willen, sowie der Anmut zu dem, was uns als Mensch ausmacht. Nur wo körperliche Leidenschaft mit dem geistigen Gewissen und dem seelischen Empfinden zusammenspielt, können wir ganz Mensch sein. „Unser Körper ist unser Garten – und unser Wille ist der Gärtner“ (Shakespeare).

Krise = neue Besinnung?

Ist die größte Krise das Sterben, dann Krankheit, Verlust und Alter, dann die Pandemie? Sehen wir darin das Schicksal oder erkennen wir darin auch die Chance zum Wandel? Krisen geben uns die Gelegenheit, neue Formen der Identität zu entwickeln, liebgewordene „Rollen“ aufzugeben und unsere bisher eingeübten Kompetenzen einzuspielen. „Gelassenheit ist die Tugend der Reife“ (M. Hausmann). Aus der Sicht einer gewissen Altersweisheit versuche ich zu verdeutlichen, was das bedeuten kann. Krisen sind so unterschiedlich wie Menschen und Situationen.

Wir erkennen, dass es Dinge und Situationen gibt, die sich als größer darstellen, als wir selbst sind. Wenn wir unsere gelernte Eigenliebe, unseren Narzissmus und unsere Ichbezogenheit überwinden, können wir Distanz herstellen und eine größere Objektivität gewinnen. „Die Dinge sind eben so, wie sie sind!“ Es geht dabei nicht um ein schwächliches Hinnehmen der Dinge, sondern darum, in solchen Situationen den Blick zu schärfen und ihn auf das Wahre, Gute und Notwendige auszurichten. Das *Ich* ist nicht so wichtig! Wir bemühen uns um Verstehen und Verständnis, ohne mit allem einverstanden sein zu müssen. Dabei stehen uns eine gewisse Altersmilde und -güte gut zu Gesicht.

Immer haben wir – wenigstens – zwei Möglichkeiten: Wir können die Einschränkungen als Ausgangspunkt für Trennungs- und Verlustängste ansehen – aber eben auch mit dem Bewusstsein, Vertrautes zu lassen und dankbar zu erleben, wie sich zeitlich Begrenztes in neues Leben verwandelt. Das kann zu einer größeren Lebensintensität, zu einer konzentrierteren Bewusstseinsdichte führen. Was wichtig ist, tritt wieder deutlicher hervor.

Die Tugenden der Reife bestehen u.a. in einer Überwindung der (alterstypischen?) Eigenliebe zugunsten einer Allverbundenheit mit dem Überpersönlichen. Dies ist das Erleben der Transzendenz; es ist die gespürte Durchlässigkeit für Erlebnisse, zu denen wir sonst keinen Zugang hatten. Plötzlich wird uns – anders – deutlich, was Liebe zum Leben und zu den Menschen konkret bedeutet. Eine weisheitstypische Bedürfnislosigkeit wandelt Haben- in Gebenwollen. Und die Bereitschaft, das Unabänderliche zu ertragen, ohne sich von der Todesangst übermannen zu lassen, führt zu einer neuen, geistigen Freiheit und Unabhängigkeit. Unter Beachtung der vernünftigen Regeln und Gesetze können wir (im Alter) zum jeweiligen Gegenwartsaspekt mit gelebter Geduld einen hilfreichen, „emotionsarmen" Abstand gewinnen. Nichts muss nun nur noch so sein, wie wir uns das gern vorstellen. Die furchtlose Konfrontation mit der Endlichkeit macht uns frei. Die Gegenwart und die Tiefe der Erfahrung von Leben macht zufrieden und erträgt Einbußen. Vielleicht können wir nicht im Moment den Sinn des Geschehens verstehen – aber wir können hoffen, dass er sich im Verlauf der Zeit erschließt. Die Krise als Chance.

Kultur

Man mag die Pflege allgemein und den guten Umgang miteinander schon Kultur nennen. Im Unterschied zum Naturgegebenen bezeichnet Kultur die in größeren Menschengruppen entwickelten und gepflegten materiellen (Gerät, Obdach, Kleidung ...), institutionellen und sozialen (politische Lebensformen) und geistig-musischen Aktivitäten zur Gestaltung des Zusammenlebens. Das, was herangebildet ist, ist bedeutungsgleich mit „Kultiviertheit“, sie wird von Ideen getragen. Neben der Wissensvermittlung zählen dazu der Stand des Bildungswesens, die Kommunikation und die ästhetische Durchdringung einer Gesellschaft.

Der Mensch hat das Fell seiner Natur abgeworfen und den dünnen Kittel der Kultur übergestreift: Diese Kultur ist dünner Firnis, der sich rasch in Alkohol auflöst (nach A. Huxley). Natur ist Natur, Kultur bezeichnet Bedeutung. Mühsam erwerben wir im Lebensverlauf den Genuss an der Kultur, das bedeutet, in der Tradition eines Volkes das privat zu schätzen, was in der Öffentlichkeit an Werten besteht. Kultur kann zur Erweiterung unseres Bewusstseins beitragen. Der kultivierte Mensch ist frei und nutzt seine Freiheit, sich auf den vielen Ebenen des Lebens zu entfalten, aber er hält auch Abstand. Während die Zivilisation das Radiohören, das Zeitunglesen usw. darstellt, ist Kultur der genussvolle Konsum weniger, wichtiger Informationen. Vielleicht ist es auch nur „die leere Stille“ einer schattigen Waldwiese. Es bedeutet, sich seine Kultur zu schaffen, indem man sich im Denken und Handeln emanzipiert von der Meinung und Haltung anderer, vor allem dem gängigen Lifestyle. Dabei spielt die Bejahung unterschiedlicher Interessen – eben auch die anderer Menschen – eine wesentliche Rolle.

Manche Menschen meinen, wenn sie sich nur mit dem Besten zufriedengäben, hätten sie bereits Kultur. Es wird erst zum kultivierten Genuss, wenn man Maß und Sitte kennt und lebt. Hierin findet man als liebendes Individuum seine beschränkte Vollkommenheit. Dabei bedeutet Einfachheit, Schlichtheit und Bescheidenheit mehr als kostspieliges Porzellan oder goldene Löffel. Es besteht immer die Gefahr, dass Kultur in der Masse zum Kult (Schöner Wohnen) degeneriert. Leider schützt die Kultur einer Gesellschaft auch nicht vor Dummheit und vor Krieg.

Liebe

Es gibt so viel Liebe auf der Welt, wo kommt sie her? Liebe ist erst einmal nur ein Wort – aber Liebe ist auch das ganze Leben. Die Liebe ist ein Geschenk – angeblich währt sie ewig und hört nie auf. Die Liebe ist ein Missverständnis. Unzählige Aphorismen glücklich und unglücklich Liebender sind in die Literatur eingegangen.

Wer liebt, ist „blind", kann kaum realistisch denken. Wer liebt, ist besessen. Wer liebt, trägt eine rosarote Brille ... Wer liebt, verzeiht. Wer geliebt wird, wird schneller gesund. Er merkt es zuweilen nicht, w i e er/sie geliebt wird. Wer geliebt wird, atmet tiefer. Wer geliebt wird, muss nicht streiten.

Zugleich macht die Liebe nicht automatisch friedlich. In der Liebe findet man nicht seine alleinige Erfüllung. Nicht jede Liebe wird erwidert. Liebe reift und welkt, wenn man sie nicht pflegt. Verliebt gibt man sich nicht selber auf. Oder glaubt man doch, für den geliebten Menschen sein Leben geben zu wollen?

Unter Liebe verstehen wir das, was w i r darunter verstehen wollen: Jeder denkt sich seinen Teil – viele glauben nur vorgefertigten Gedanken, ohne selbst zu denken. Sprüche auf Kaffeetassen und T-Shirts genügen. Liebe ist ein Konstrukt, ein Desiderat, eine Idee – ein ewiger Wunsch. Sie entzieht sich einer für alle gültigen Definition. Wenn wir zu einem Menschen eine tiefe emotionale Beziehung spüren, denken oder glauben wir, dass das Liebe sein könnte. Es könnte aber auch Verlangen, Sehnsucht oder nur der Wunsch nach erfüllter Sexualität sein. In der Liebesbeziehung suchen wir Harmonie, Verständnis, Zugehörigkeit, Austausch. Wir möchten etwas geschenkt bekommen und uns hinschenken. Sich in einem anderen Menschen zu verlieren, bedeutet mit ihm schweben, durch ihn „den Himmel kennenlernen". Gemeinsam miteinander zur Musik des Lebens tanzen, gemeinsam aufwachen, gemeinsam Wege gehen.

Aber auch zusammen Leid durchstehen, Konflikte klären, am anderen wachsen wollen, mit ihm schweigen können – alles gute Zeichen einer Beziehung, die vom Gefühl der Liebe getragen ist. Liebe aktiviert in uns größte Anstrengungen zum Guten, so wie verschmähte, aufgekündigte Liebe zu schlimmsten Verbrechen führen kann.

Man kann wohl nur einen anderen Menschen lieben, wenn man über die folgenden vier Fähigkeiten verfügt. 1. Man muss sich auch selbst in allen Schwächen und Stärken mögen. 2. Man sollte sich völlig zurücknehmen können und dem geliebten Menschen beistehen, sich seinem Wesen gemäß zu entwickeln. 3. Man muss Vertrauen zueinander haben und 4. muss man über die Bereitschaft verfügen, gemeinsam u n d allein sein zu wollen.

Liebe ist der Name für einen über das Jetzt hinausgehenden Prozess des Ineinanderfließens, ohne sich selbst aufzugeben. Er setzt voraus, „Durststrecken" auszuhalten, Hoffnung zu bewahren und sich dem Partner auch in schwierigen Situationen zuzumuten.

Macht

Besitzt ein Mensch Möglichkeiten, andere Menschen zu einem bestimmten Verhalten oder zu veränderten Haltungen zu bringen, besitzt er Macht. „Können“, Vermögen und Willen formen die Fähigkeit, über andere Menschen zu „herrschen“. Nutzt ein Mensch seine Macht, entsteht – sozial-psychologisch betrachtet – bei den anderen Menschen der Wille und die Bereitschaft, sich ihm zu unterwerfen, weil sie Führung wollen. Das gilt wohl nicht generell – aber die Bereitschaft, zu folgen oder auch Gehorsam zu leisten, ist in der Masse immer groß.

Wer hat Macht und wem sprechen wir sie zu? Wer die Bedürfnisse einer Gruppe (eines Volkes?) am besten bündeln, formulieren und nähren kann, um damit die Interessen der Mehrheit zu befriedigen, hat Macht. Die Macht ist die Grundlage politischen Handelns. Sie hält die Gemeinschaft zusammen (H. Arendt). Macht schlägt – oft – ins Negative um, wenn der Mächtige (oder die Mächtigen) Stärke nutzt, um gegen die Mehrheit Gewalt zu säen und Unterwerfung zu verlangen. Je größer die Macht und je weniger sie kontrollierbar ist, umso gefährlicher ist ihr Missbrauch.

Es ist wohl so, dass (politische, wirtschaftliche) Macht als starkes Erotikon süchtig macht – aber über längere Zeit auch dumm und blind gegen Werte, Wahrheit und Recht. „Kein Abschied auf der Welt fällt schwerer als jener von der Macht“ (Talleyrand). Ein Machtanspruch bedarf, nach unserer heutigen Auffassung, der Legitimation – nicht legitimierte politische Macht ist Diktatur.

Im positiven Sinn sind auch Philosophen, Lehrer und „Anleiter“ Mächtige; denn sie wollen etwas schaffen und Menschen befähigen, zu werden und zu sein. Die philosophische Macht stellt die Möglichkeit dar, das Verhalten von Menschen zu beeinflussen. Wir finden sie in der Erziehung, in der Disputation, in Verkaufsgesprächen, in der Literatur/Kunst und bei der Liebeswerbung. Hier wird die Macht zum Spiel, wenn sie sich nicht ungehindert entfalten kann und will. Sie kann dann Ansehen, Achtung und Prestige bewirken. Macht muss nicht zerstörerisch sein, durch Mitleid und Liebe kann sie zu einem Dienst am Menschen werden.

In kultivierten Gruppen gibt es auch die „Macht der Ohnmächtigen“, der Hilflosen und Schwachen. Denn es ist ein Zeichen von Kultur, dass wir die Minderheiten schützen und ihnen helfen, ein würdiges Leben führen zu können. Als Alexander der Große (so wird erzählt) als mächtigster Mann der damaligen Welt hörte, dass es einen noch mächtigeren Mann, nämlich „Diogenes in der Tonne“, geben sollte, besuchte er ihn und sprach: „Ich bin der mächtigste Mann der Welt. Welchen Wunsch soll ich Dir erfüllen?“ Diogenes antwortete nur gelangweilt: „Geh mir aus der Sonne“.

Haben nicht die Spontis den Satz geprägt: *Keine Macht für Niemand?*

Menschheitsgedächtnis

Um die Welt, in der wir leben, und die seelische Welt in uns, zu verstehen, bedienen wir uns (nach C. G. Jung) uralter Strategien, die uns als Archetypen in unser kollektives Unbewusstes seit Geburt an „eingepflanzt“ sind. Das bedeutet, dass gewisse Vorstellungen nicht gelernt wurden, sondern als „Menschheitsgedächtnis“ über unsere individuellen Erfahrungen hinaus als Lerngeschichte unserer Vorfahren in unserer Psyche abgespeichert sind. Solche Archetypen sind z.B. unsere Vorstellungen des Weiblichen (Anima) und des Männlichen (Animus). Dabei haben Frauen auch männliche und Männer weibliche Anteile in ihrem Unbewussten. Dies steuert zuweilen ihr Empfinden und Verhalten. Die Kain- und Abelgeschichte erzählt die Vorstellung von Besitz und Geist. Das Gute von jedem Archetypus nehmen und daraus die „Verbrüderung“ schaffen ... ein ewiger Menschheitswunsch. In allen Kulturen gibt es sehr ähnliche Vorstellungen – beispielsweise zu dem, was gut und was böse ist. Zu allen Zeiten haben sich Menschen Vorstellungen oder Urbilder davon gemacht, was ein Gott, eine weise Frau, ein Held oder eine große Mutter sei. In der Malerei, der Bildhauerei, der Oper und dem Theater haben diese „Rollen“ ihr Auftreten – und man versteht sofort das Wesen, z.B. des Clowns oder Spaßmachers, des Bösen, der Verführerin, des weisen spirituellen Führers, des Fremden usw.

Wir erkennen auch in uns, dass wir „Schattenseiten“ haben, die wir längst nicht jedem offenbaren. Das Geheimnisvolle, Verborgene in uns macht uns zuweilen auch erst interessant. Und dann ist da immer in allen Menschen (so sagen die analytisch geprägten Psychologen und Anthropologen) der Hang zum Leben, Wachstum und zur schöpferischen Tätigkeit einerseits wie zum Vernichten, zu den primitiven Zerstörungsphantasien und dem Sterben andererseits. Aus diesen gegensätzlichen Kräften entstehen ständig Konflikte und Spannungen, die uns den Dauerkampf um unser „Glück" aufzwingen: nämlich den richtigen Weg zwischen den Extremen zu finden und zu gehen. Wer diesen Weg nicht findet oder verloren hat, neigt zu einem defensiven Pessimismus oder zu Depressionen, um die ständige Angst zu verdrängen.

Auch diese Vorstellungen sind Hilfskonstrukte, die das Verstehen der Welt und des Menschseins versuchen. Dieses psychische Erbe der gesamten Menschheit wird von Generation zu Generation weitergegeben und verändert sich dabei kaum.

Moralisches Dilemma

Ich stecke in der Zwickmühle: Soll ich bei meinem schlechten Gesundheitszustand eine längere Reise riskieren, um einen sterbenden Freund noch einmal zu besuchen? Oder: Darf ich ein gegebenes Schweige-Versprechen brechen, um damit ggf. eine Straftat zu verhindern? Oder: Ist es vertretbar (z.B. bei einer Geiselnahme), dass ich als Polizist und Familienvater mein Leben einsetze, um das Leben eines unschuldigen Kindes zu retten? Ganz schwierig sind Entscheidungen, bei denen es darum geht, Menschen willentlich zu schädigen, um andere zu retten. (Attentatsflugzeug abschießen, um den Absturz auf ein AKW zu verhindern. Oder politische Entscheidungen im internationalen Feld in einem fremden Land ...). Es ist ein Tabu, andere Menschen zu opfern bzw. über ihr Schicksal zu entscheiden. (In Kriegs- und Verteidigungsfällen gelten dann oft andere „Gesetze"). Das Tragische ist, dass man nicht zwischen Gut und Böse wählen kann, sondern dass es immer nur um das „geringere Übel" geht!

Mit anderen Worten: Bei einem moralischen Dilemma steht man vor mehreren Entscheidungsmöglichkeiten, und jede ist „falsch" bzw. hat verheerende Folgen, auch für den Handelnden. Wie Menschen sich in schwierigen Situationen für sich oder andere entscheiden, hängt stark von der emotionalen Distanz ab: Muss und kann ich selbst aktiv eingreifen? Oder muss ich ein bevorstehendes, sehr wahrscheinliches Unglück, durch Nichtstun geschehen lassen? Weiterhin: Welche Konsequenzen wird mein Handeln oder Nichthandeln für mich und ein mögliches Opfer haben? Und drittens: Welche gesellschaftlich definierten Vorstellungen gibt es darüber, wozu man moralisch verpflichtet ist – und was tabu ist? Stehe ich als „Rollenträger"

(Arzt, Feuerwehrmann, Rettungsschwimmer, Politiker …) in einer besonderen Verantwortung?

Es macht einen großen Unterschied, ob ich über mein eigenes Verhalten befinde oder ob ich über das Verhalten eines anderen Menschen entscheiden soll, wie es „richtig" wäre. Immer geht es um – gelernte – Werte, die unsere Entscheidungen beeinflussen. Damit ist auch die Frage nach unserer moralischen Entwicklung und Kompetenz angesprochen. Kann der Gebildete anders sein als moralisch? Menschen in sog. westlichen Ländern verstehen sich viel eher als Handelnde bzw. zum Handeln berufen. Im asiatischen, taoistisch geprägten Kulturraum neigen Menschen nicht dazu, „Schicksal zu spielen": Es geschieht, was geschieht. Es ist, was ist.

Neigung und Pflicht

Ist man nur glücklich, wenn man seinen Neigungen gemäß leben kann? Oder hat man die Pflicht, „dem moralischen Gesetz in uns und dem bestirnten Himmel über uns“ (nach Kant) zu gehorchen? Kant hat die „Pflicht“, das moralische Gesetz, an die erste Stelle unseres Handelns gestellt. Schiller dagegen hat diese strenge Auffassung (Pflicht als Grundprinzip aller Ethik) um die Emotionalität der Neigung erweitert: Die „schöne Seele“ ist in ihrem Handeln wesentlich vom Mitgefühl für alle Kreatur angetrieben. An einem Beispiel kann man das verdeutlichen: Kant sagt, man muss einen Menschen vor dem Ertrinken retten, weil eine unterlassene Hilfeleistung strafbar ist. Es wäre Pflicht, zu helfen. Schiller dagegen geht „tiefer“: Er meint, dass im Mitgefühl für das Kind (und seine Eltern), in Liebe zum Menschen ganz allgemein, das rettende Handeln begründet liegt: Ohne Neigung oder Gefühl wäre das Handeln kaum moralisch!

Im zwischenmenschlichen Verhalten spielen für das moralische Handeln die emotionalen und sozialen Komponenten, unsere Einsicht u n d unser Mitgefühl die wesentliche Rolle. Diese beiden Antriebskräfte miteinander in eine gute Balance zu bringen und dabei sowohl die Bedürfnisse der Person wie die der Umwelt im Auge zu haben, ist Lebenskunst – vielleicht sogar weises Handeln.

Es scheint mir wichtig zu sein zu betonen, dass man nicht ständig ausbalanciert sein kann (und will) – man kann sich aber sehr wohl darum kümmern, nach besonderen Ereignissen (tiefe Trauer, große Begeisterung ...) immer wieder rasch in seine Mitte zu finden. Das bedeutet, dass man als gereifter Mensch bei aller Nähe zu seinen Gedanken und Gefühlen auch eine gewisse Distanz zu ihnen hält – also sowohl zügig aus einem seelischen Tief wie auch aus einer „jubelnden Verliebtheit“ herausfindet. (Wir haben gelernt, einen Fahrradreifen zu flicken – wir können auch lernen, unsere Stimmung zu korrigieren!).

Werte, die man in sich trägt, die die Persönlichkeit ausmachen (intrinsische Werte) wie Güte und Gerechtigkeit, Fleiß und Rücksicht, sind zwar abstrakte Werte, erlangen aber sofort im Umgang mit anderen Menschen eine sehr praktische Bedeutung. Es sind moralische Vorstellungen, die wirksam Werte schaffen.

Neugier und Spiel

Einige Tiere (Rabenvögel, Katzen und Hunde, Waldmäuse ...) und kleine Kinder sind besonders neugierig. Unentwegt sind sie mit Dingen ihrer Umwelt beschäftigt: Sie untersuchen, „befingern", bewegen, probieren den Geschmack, zerrupfen, verstecken ... Objekte. Dabei untersuchen sie nicht nur den physiologischen Zustand, sondern wollen auch Wirkung erreichen – man könnte auch sagen, Macht ausüben. Dieses Neugierverhalten entwickelt sich im Erwachsenenalter in einer kultivierten Form bis zum Bedürfnis nach Erkenntnisgewinn bzw. bis zur hochspezialisierten Forschung. Neurowissenschaftler und Altersforscher bestätigen, dass der Mensch gesünder ist, wenn er neugierig bleibt.

Eng damit verbunden ist die Neigung zum Spiel. In überbordender Lebendigkeit toben Kinder in ihrer Unbekümmertheit herum. Gemeinsam mit anderen erproben sie Beziehungen und Regeln (u.a. in „Kämpfen"). Spielerisch betreibt man „pairing": das Einüben in den Umgang mit der erotischen Geschlechtlichkeit. Interessant ist, dass im Spiel Regeln notwendig sind, deren Einhaltung das Spiel erst gelingen lässt. Neben Wettkampfspielen stehen Glücksspiele, Nachahmungsspiele und Spiele, die mit rauschhaften Erfahrungen verbunden sind (Schaukeln, Achterbahn, Bungee-Springen, Drogen-Gebrauch ...). Der kultivierte Mensch spielt mit Worten, Sprachbildern, karikierenden Darstellungen, Kalauern, Geschichten, Sagen, Fiktionen, geistreichen Witzen ...

Sicherlich zeigen auch aggressive, militante, terroristische Aktionen – vorwiegend von jungen Männern –, dass hier die für sie oft langweilige, reale Welt verlassen wird, um „Wirkung" zu erreichen. Für den „normalen" Menschen (wer ist das?) ist das sinnlose Zerstören und Wüten nicht nachvollziehbar, nicht verstehbar. Nietzsche sagte: „Im ächten Mann ist ein Kind versteckt, das spielen will". Hier gerät – wahrscheinlich durch den Mangel an friedlichen Spielen in der Kindheit – das „Spiel" mit der Staatsmacht zu einer „martialischen Gesinnungsbrüderschaft" destruktiver Art. Unterdrückte Gefühle wandeln sich. Hass betäubt den Schmerz. Das neotenische Tier in den Straßenkämpfern gebärdet sich „spielerisch", kreativ und voll explorativer Neugier. Diese jungen Menschen wollen nicht erwachsen sein; sie sind in ihrer kindhaften „Spielphase" steckengeblieben. Nur ihre Kraft und ihre kognitiv eingeschränkten Möglichkeiten lassen sie gewaltsam sein. So werden sie beachtet. Das vermittelt ihnen Bedeutung.

Nicht – doch!

Es geht gut; es geht sogar sehr gut. Schon eine längere Zeit geht es so, dass man nur staunen kann, wie alles so gut in- und nacheinander fließt und gelingt. Keine wirklichen Höhepunkte oder aber „nur“ ein glückliches Gelingen nach dem anderen: im Beruf, in der Partnerschaft und Freundschaft, mit der Gesundheit, beim Unterwegs-Sein, im Spiel ... Es könnte einem der Atem stocken, wenn man die „Gesetze des Lebens“ kennt. Es wird auch eine Zeit geben, in der alles ganz anders sein wird. Und irgendwann, vielleicht steht er gerade bevor, wird der Moment kommen, in dem man das Gefühl hat: Jetzt bricht alles zusammen; ein kleines Desaster nach dem anderen: defektes Fahrzeug, Streit in der Ehe, Missverständnisse im Team, im Geschäft, keine Antwort auf meinen wichtigen Brief ... Dazu kommt auch noch ein Hexenschuss oder ähnliches.

Wir neigen dazu, uns die Erfolge des Lebens zuzuschreiben, die Misserfolge aber den Umständen, dem Wetter oder „den Leuten“ anzulasten. Der „blöde“ Tisch an dem man sich stieß; der Idiot im Auto vor mir, der mich nicht überholen lässt; diese bescheuerten Nachbarn, die so viel Krach machen; das hässliche Wetter oder die Vögel, die bereits vor dem Aufstehen ihr „Geschrei“ machen ... Und dann gibt ein böses Wort das nächste und schon ist dort Streit, wo gestern noch friedliche Harmonie herrschte.

Es fällt uns schwer zu glauben, dass das Unruhige, das Unstimmige und Vielfältige das „Normale“ ist, nicht die „stille Eintracht“, der holde Friede und das unbeschwerte Befinden. Unser normaler Zustand besteht aus Unruhe, Suchen und Begehren. Widersprüchlichkeiten en masse: Die meisten Fragen sind nicht zu beantworten. Freiheit in einer Gesellschaft bedeutet, dass man eben nicht alle möglichen Freiheiten in Anspruch nehmen darf. Wer sich zur Sucht oder Abhängigkeit entscheidet, gibt seinen freien Willen auf. Liebe entwickelt sich durch erträgliche, wechselseitige Zumutungen. Wir feiern – oft zu Unrecht – die „Heldentaten" und vergessen jene Taten zu würdigen, die Unglücke, Unfälle, Kriege ... verhinderten. Und: inkompetente Menschen vermögen nicht das Maß ihrer Inkompetenz zu erkennen. Disparitäten überall.

Das paradoxe Doppelwort *Nicht-doch* verdeutlich so schön, wie wir uns leicht verführen lassen: Was man eigentlich – so sagt man zumindest – nicht möchte, wird durch das Zulassen oft zur süßen Tat.

Die Natur des Menschen liegt darin, dass es ihm gelingt, sich anzupassen. Weil er aber seine ursprüngliche Natur längst verlassen, oft sogar schon systematisch zerstört hat, passt er sich an vorgegebene, oft künstliche Vorstellungen und Gesetze an (Skifahren in der Halle ...). Er hat sein Maß, er hat seine Bescheidenheit verloren und glaubt gern, alles „machen" und managen zu können. Und wenn etwas nicht gelingt, ist er mit sich – vor allem aber mit der Welt – unzufrieden.

Wären nicht Augenblicke der Freude und der Dankbarkeit jene, in denen wir erkennen, dass wir am Leben und bei Verstand sind?

Nichtstun

Untätigkeit und fehlende Leidenschaft verdeutlichen uns meist unsere Verlassenheit. Aus diesem Gefühl erwachsen leicht Düsternis, Kummer und Verzweiflung. In der Langeweile warten wir auf den Tod – so scheint es. Wir können aber auch feststellen, dass Menschen sich dann als glücklich erleben, wenn sie im Moment nichts Anderes tun möchten, als nur dazusitzen und den Wolken nachzuschauen. Sie sind mit sich und ihrer Umwelt im Einklang.

Wir haben eine negative Einstellung zum Nichtstun. Es scheint so, als würde die Unzufriedenheit mit der Zunahme der Zerstreuung immer größer. Das „Zur-Ruhe-Kommen" ist ein Ergebnis des Verzichts oder der Konzentration, vielleicht auch der Sammlung und der Besinnung. Es ist verrückt, wie manche Menschen viel Geld in die Schönheit ihrer Wohnung oder ihres Hauses investieren und dann trotzdem ständig nach außen drängen und die Abwechslung suchen. Etwas genießen, hat ganz viel mit Ruhe und Zeit zu tun.

In der klassischen japanischen Lebensauffassung kommt der Ästhetik der Einfachheit eine große Bedeutung zu (*Wabi-Sabi*): Frieden, Ruhe, Ausgeglichenheit sind dort mit der Erkenntnis, dass Schönheit flüchtig ist, verbunden. Hinzu kommt die Auffassung, dass alle Dinge und die Menschen die Last ihrer Jahre mit Würde und Anmut tragen. Es ist diese Philosophie und die leicht schmerzhafte Poesie, die in einem einfachen und bescheidenen Leben auf das Überflüssige verzichtet. Alles ist ein Geschenk der Zeit. Diese Geisteshaltung macht aus der „Langeweile" den Müßiggang, der als Gegensatz zum Zeitvertreib angesehen werden kann.

Es ist ein Dilemma, dass Menschen, die sich langweilen aus diesem Grund im Netz surfen, Menschen anrufen oder die leere Zeit mit sinnlosen Kreuzworträtseln o.ä. „füllen". Damit lenken sie sich nur ab und stabilisieren durch ihre Ungeduld bzw. ihr hektisches „Herumgewolle" nur ihre meist schlechte Stimmung. Die Suche nach Zerstreuung und Ablenkung schadet dem Wohlbefinden. Der gelegentliche Müßiggang bedeutet Freiheit der Gedanken und des Tuns bzw. Lassens. Das verspürte Unbehagen in solchen Situationen geht auf eine uns anerzogene Vorstellung zurück, dass man – bis ins Alter – immer tüchtig tätig, beweglich und neugierig sein solle. Diese Haltung zeugt in uns einen scheinbaren moralischen Druck, der Genuss nur im Ergebnis des Geleisteten sieht. Das Genießen der „leeren Zeit" ist ein Kind der Geduld, der Bescheidenheit und der Zweckfreiheit. Es ist. In allem Ausharren wird uns auch die Unvollkommenheit und die Vergänglichkeit bewusst.

Nie

„*Immer*“, sagt der Spötter, „ist ausgesprochen häufig und *nie* äußerst selten.“ Das Dreibuchstabenschwurwort hört man immer (!) wieder und glaubt es doch selten oder nie. Außerdem wird bei jedem halbwegs intelligenten Menschen ein ihm behauptetes *Nie* Widerstand erzeugen: Das *Nie* ist eine Behauptung, ein Befehl, Ausdruck des ultimativen Zweifels („Das glaube ich dir nie!“). Auflehnung ist angebracht, ja, Pflicht! Wer Ausschließlichkeiten formuliert, meint zweierlei zu wissen: a) was die Zukunft bringt und b) wie sich Menschen unter allen Umständen verhalten werden. Beides ist mehr als gewagt! Oder er möchte „Untertanen“.

Abschiede sind zuweilen, wissentlich oder unwissentlich, auf „Ewigkeit“: Wir werden uns wiederseh'n, „wenn es schneit rote Rosen und regnet kühlen Wein ...“ In den volkstümlichen Liebesliedern wird das Wort nicht zu hören sein. Für die Umschreibung der Unmöglichkeit eine bestimmte Zeit (des Wiedersehens) anzugeben, fand man viele poetische Allegorien, um zu verschleiern, dass jede (?) Liebe irgendwann aufhören wird.

„Niemals, niemand, nie mehr, nie und nimmer, nie wieder ...“ sind Aussagen, die dem Sprechenden Absichtserklärungen und Geländer sind oder sein sollen, um nicht (noch einmal) abzustürzen. Eine gewisse Ahnungslosigkeit von den möglichen Ereignissen ist eine vorzügliche Voraussetzung, um sich eine gewisse seelische Stabilität zuzusprechen. Aber man wird daran gemessen: Und wie oft verwandelt sich das Diktum in fadenscheinige Ausreden und Ausflüchte, wenn der Wind wechselt.

„Nie sollst du mich befragen ...“, spricht der Schwanenritter und zeugt damit erst recht die Neugier und die Zerstörung seiner Liebe. Hätte er doch *nie* nie gesagt! In der zwischenmenschlichen Kommunikation sollten wir die Worte *nie, immer, alle, keiner, jedes Mal, ständig* ... streichen. Sie lösen nicht nur Widerspruchsverhalten (Reaktanz) aus, sondern zerstören auch die Glaubwürdigkeit.

Ordnung

Viele können und wollen „Ordnung“. Manchen Menschen fällt das nicht leicht! Ist *Ordnung schaffen* und *Ordnung halten* ein Persönlichkeitsmerkmal? Wer seine täglichen Arbeiten effizient organisieren will oder muss, wird Ordnung in seinen Unterlagen halten müssen. Von zwanghaft bis liederlich reichen die Eigenschaftsworte, die Menschen mit einer hohen oder eher niedrigen Gewissenhaftigkeit beschreiben: gründlich, pflichtbewusst, pünktlich, systematisch, sorgfältig ... Dabei spielt die Ordnung eine nicht unwesentliche Rolle. Trotzdem ist es nicht zwingend, vom *un*-aufgeräumten Zimmer oder ständig überfülltem Schreibtisch eines Menschen auf seine sozialen Persönlichkeitseigenschaften zu schließen.

Allgemein ist Ordnung ein übersichtlicher Zustand, der einem fach- oder berufsspezifischen System gehorcht, um Teile im Ganzen rasch wiederzufinden: Systematiken, Klassifizierungen, Familien, Regeln, alphabetische Reihenfolgen, Registraturen usw. helfen, Dinge (übrigens auch Gedanken) abzulegen und zu jedem gewünschten Zeitpunkt wieder zur Verfügung zu haben. Wirtschaftspolitische (Ver-)Ordnungen sind für das Zusammenspiel unterschiedlichster Behörden und Institutionen notwendig.

Un-Ordnung kostet Zeit und Nerven, macht aber auch durchaus kreativ. Es gibt Berufe, in denen Ordnung mit Selbstdisziplin, Kompetenz und Pflichtbewusstsein zwingend notwendig ist: Ein Herz-Chirurg, ein Zahnarzt, ein Pilot ... muss mit großer Besonnenheit zügig und optimal handeln können. Ordnung (halten) wird gelernt; Ordnung muss man machen; Unordnung entsteht immer von selbst. (Lässt man ein Stück Land unbearbeitet liegen, wird sich bald eine „biologische" Ordnung einstellen). Ein sehr praktischer Tipp, um Ordnung zu halten, ist, jedes Schriftstück, Ding oder Werkzeug nur einmal in die Hand zu nehmen, um es sofort nach Gebrauch an Ort und Stelle abzulegen. Zugleich kann aber auch eine pedantische, verordnete oder sterile Ordnung zur Sklaverei werden oder zur gedankenlosen *Unter*-Ordnung führen! Letztlich bleibt Ordnung angewandte Intelligenz.

Perfektion

Selbstunsichere Menschen haben in sich die Vorstellung verankert, dass ihre Leistung nur dann akzeptiert wird, wenn sie über das Maß des Notwendigen hinaus keinen Makel aufweist. Sie möchten Aufgaben nicht so gut wie *nötig*, sondern stets so gut wie *möglich* verrichten – und zwar immer! Ihre Angst vor Fehlern oder Versagen kompensieren sie durch das unglaublich zeitaufwändige Bemühen, alles richtig zu machen und allen gerecht zu werden. Die dabei erlebte erhebliche Zeitvergeudung wird in Kauf genommen, weil sie „fehlerfrei“ sein möchten. Selbst die – vielleicht durch Talent oder Fleiß – erzielten Erfolge werden durch den Vergleich mit dem Ideal ständig abgewertet. Dadurch werden Zufriedenheit und Entspannung verhindert: Jede mögliche Freude am „Erfolg“ wird durch die Angst des potentiellen Versagens zerstört. (Die psychischen Ursachen liegen wohl in der fehlenden Zuwendung und realistischen Anerkennung von Leistungen in der frühen Kindheit!)

Die Idee der Perfektion ist eine Denkkrankheit: Sie orientiert sich an einem unerfüllbaren Traum und hat etwa die Dimension, die wir mit dem Unendlichen verbinden. Das „Virus der Unerfüllbarkeit“ nistet sich in das völlig unrealistische Hoffen ein. So entsteht eine eigentlich unerwünschte Abhängigkeit zu anderen Menschen; der sich als zutiefst minderwertig Erlebende möchte bestätigt, ja, bewundert werden. Aber selbst eine „tägliche Huldigung“ heilt ihn nicht; sie würde sein gestörtes Verhalten gar stabilisieren. Das erotische Zärtlichkeitsempfinden von zwanghaften Pedanten ist häufig verdrängt oder gar verkrüppelt.

In Beziehungen ist der Mensch mit einem Perfektionsdrang meist kein guter Partner. Er ist oft extrem gewissenhaft und nervt mit seiner peinlichen Besserwisserei. Auch wenn er sich nach reiflicher Überlegung endlich entschieden hat, beginnt er sofort wieder mit seinen Zweifeln. Solche Menschen sind in der Fülle der heutigen Möglichkeiten alles andere als glücklich.

Die Erfahrung lehrt, dass Beurteilungen und ständige Kritik nicht die Fähigkeiten eines Menschen fördern, um die (gemeinsamen) Probleme besser zu bewältigen. Empathie und Akzeptanz gepaart mit einer sanften und aufrichtigen Bestätigung des gewünschten Verhaltens wäre das Mittel der Wahl. Vielleicht findet der Perfektionist zu einer geistigen Disziplin, die ihm vermittelt, auch „lockerer“ sein zu können: lächeln statt fluchen.

Persönlichkeit

In unserem Gehirn, vor allem im präfrontalen Kortex = dem „Stirnhirn", findet die Koordination jener Fähigkeiten statt, die uns als Person ausmachen. Bestimmte Areale sind für unterschiedliche Kompetenzen zuständig. Ihr gutes Zusammenspiel macht uns zur Persönlichkeit. Im Zusammenleben mit anderen Menschen machen wir Erfahrungen, die die neuronale Architektur unseres sozialen Organs Gehirn ganz entscheidend bestimmen. „Was für ein Gehirn ein Kind bekommt, hängt ... davon ab, wie es und wofür es sein Gehirn benutzt" (Hüther). Folgende Funktionen werden im präfrontalen Kortex „geregelt":

• Das Zusammenspiel von aktivierenden und dämpfenden Impulsen sichert die Balance der körperlichen Reaktionen. (Bekomme ich mich nach Aufregungen rasch wieder in den Griff?)

• Das Erkennen und Entschlüsseln von Signalen anderer Menschen ermöglichen eine verbindende Kommunikation bzw. Verständigung. (Erkenne ich Stimmungen?)

• Emotionen müssen erkannt und in ihrer Bedeutung entschlüsselt werden. Hier wird geregelt, ob wir diszipliniert oder chaotisch oder aber angemessen auf Ereignisse der Um- und Innenwelt reagieren. (Bevor ich mich aufrege, frage ich z.B. nach den Gründen ...).

• Verfügen wir über Einsicht und Lernfähigkeit, um die Gegenwart und unsere Zukunft verantwortungsbewusst zu gestalten?

• Unsere Fähigkeit zur Empathie ist d a s Kriterium für unsere Beziehungen. (Verstehen mit dem Hirn, mitfühlen mit dem Herzen).

• Hier findet Furcht- und Angstbewältigung statt: Welche Informationen werden wie interpretiert bzw. bewertet? (Welche Bedeutung hat diese Angst für mich? Ist sie nützlich?)

• Die Intuition (das „Bauchgefühl") wird hier unterhalb der Schwelle der Bewusstheit „gelesen" und verstanden.

• Unser Moralgefühl steuert unser Verhalten im Verbund mit anderen Menschen. (Mein „Gespür"...)

Diese Funktionen sind nicht alle gleichermaßen bzw. „gleichberechtigt" aktiv. Kommt es zu starken Erregungszuständen (panische Angst oder lustbetonte Sexualität, z.B.) werden die Möglichkeiten zum rationalen Denken reduziert oder unterdrückt. Beim Orgasmus werden der temporale und präfrontale Kortex deaktiviert (die „Vernunft sackt in die Unterhose!"), die Hirnareale des Stirnhirns werden für die Erregungszeit fast völlig „beurlaubt". Ein gutes Gefühl! Bei der Angst werden Flucht- oder Kampfmöglichkeiten aktiviert. Auch hier muss sich die Anspannung wieder lösen, um sich gut zu fühlen.

Man kann also auch sagen, dass wir unsere Persönlichkeit selbst „machen", indem wir unsere menschlichen Fähigkeiten in einem guten Sinn kultivieren. Wir können immer mehr so werden, wie wir sein möchten. Dazu gehört auch, dass wir mit unserem Gehirn sorgsam umgehen.

Pflanzen

Die meisten Menschen beachten Tiere viel stärker als Pflanzen; dies u.a. deswegen, weil sie, die Menschen, den Säugetieren viel ähnlicher sind. Wir sind zwar umgeben von Pflanzen – hoffentlich –, aber viele Menschen kennen oder achten sie kaum. Die Pflanzen, aus dem Wasser ins terrestrische Leben „gekrochen", haben den frühen Luftgürtel um die Erde erst zur Atmosphäre gestaltet. Die Photosynthese hat das Sonnenlicht in lebendige Materie verwandelt. Dies war der Beginn – und ermöglichte damit photosynthesefähigen Lebewesen (Cyanobakterien) neben dem Wasserstofffluss die Anreicherung der Luft mit Sauerstoff.

Die Pflanzen haben die Erde erst zu einem metaphysischen Raum des Lebens, d.h. des „Atmens" gemacht. Und das tun sie heute noch immer zum Wohle der anderen Lebewesen. So haben erst die Pflanzen das tierliche Leben ermöglicht. Die Pflanze wächst („rücksichtslos") in zwei Richtungen: die Wurzeln in die Erde und die oberirdischen Triebe ins Licht. Sie verfügt über ein Langzeitgedächtnis, das ganz anders als das Tiergedächtnis funktioniert. Da Pflanzen nicht fliehen können, müssen sie sich anders gegen „Fressfeinde" und Mangel verteidigen: Sie produzieren für Insekten unverdauliche Proteine, verändern ihre Blattoberfläche und können Düfte herstellen. In der Kommunikation mit ihrer Umwelt können sie Farben einsetzen und sich – artgleich – beim Einfall von Feinden gegenseitig alarmieren. Der Warnduft enthält sogar Informationen darüber, welches Insekt angreift.

90% der Biomasse auf der Welt wird von Pflanzen gestellt. (Wir Menschen haben einen Anteil von einem Zehntelpromille!). Wir kennen den positiven Einfluss, den Pflanzen auf Menschen haben. Sie haben zwar kein Gehirn (im traditionellen Sinn), können aber ihre Umwelt sehr wohl wahrnehmen und fühlen und auf Veränderungen reagieren. (Wie das genau geschieht, kann die Wissenschaft heute noch nicht sagen). Es ist langfristig fahrlässig, unsere Ernährungsgrundlage zu ca. 70 % nur auf drei Pflanzenarten zu reduzieren: Weizen, Reis und Mais. Jede Seuche kann diese Grundlagen total und rasch zerstören. Uns ginge dann schnell „die Luft aus".

Pflicht

Was ist uns aufgegeben? Und von wem? Glücklich zu sein? Andere glücklich zu machen? Gesetze zu befolgen? Einer inneren Stimme zu folgen? Aufgaben zu Ende zu bringen? Gehorsamkeit gegenüber Autoritäten? Das Pflichtgefühl lernen wir. Es ist das ethisch begründete Tun oder Lassen, das uns geboten erscheint, um uns selbst und der Gesellschaft/Gemeinschaft Gutes zu tun. Sowohl politisch-soziale wie religiöse oder individuelle Aufgaben werden uns im Verlauf des Lebens gestellt. Das Zusammen-Leben mit anderen Menschen setzt voraus, dass bestimmte Regeln gelten müssen. „Pflicht ist die Notwendigkeit einer Handlung aus Achtung vor dem Gesetz" (I. Kant). Wer keine Pflichten übernimmt, stellt sich außerhalb der Gemeinschaft. Pflichten und Aufgaben können sehr wohl Grundlage der Zufriedenheit sein. Überlassen wir (jungen) Menschen keine Aufgaben, haben sie keine Pflichten, „verlottern" sie aller Wahrscheinlichkeit nach rasch. Ohne Pflichten werden wir leicht rechtlos.

Es ist notwendig, Pflichten als solche zu erkennen, sie persönlich für sich anzuerkennen und sie zu erfüllen. Aufgezwungene Pflichten sind selten „moralisch". Da wir als Erwachsene unterschiedliche Rollen bekleiden, wachsen uns auch unterschiedliche Pflichten zu: z. B. als Eltern, Partnerinnen, Geschäftsführer, gewählte Politiker, als Ärztinnen oder als Landwirte ... Aber es ist etwas Jämmerliches, wenn jemand sich bei seinem Tun nur darauf beruft, was ihm als Pflicht aufgetragen war. „Der Bürokrat tut seine Pflicht von neun bis eins. Mehr tut er nicht" (K. Zeller). Wer nur aus (s)einem Pflichtgefühl heraus lebt, wird ein Sklave sein. Dieses Spannungsverhältnis zwischen verordneter bzw. gedankenlos vollzogener „Pflichterfüllung" und dem gebotenen Widerstand mit einem klaren Nein gegen jede Form von menschenverachtender Willkür, ist das moralische Gebot, das Kant als Achtung vor dem Gesetz betrachtet hat. Gesetze sind wandelbar. Es gibt keine objektive moralische, ewig gültige Absolutheit. Es bedarf eines moralischen Mutes, seine Pflicht zu erkennen und – trotz aller Schwierigkeiten und Widerstände – zu handeln (Zivilcourage). In vertrauensvoll-guten Beziehungen – sowohl im privaten wie im institutionellen Bereich der Organisationen – nehmen wir in einem zivilisierten Umgang einander wechselseitig in die Pflicht, d.h. wir übernehmen verabredungsgemäß bestimmte Aufgaben und tragen dafür auch die Verantwortung.

Poesie

In einer Zeit, in der die Digitalisierung des Lebens eine übermächtige Bedeutung zu erlangen scheint, darf die Poesie, die Verdichtung des schönen Lebens, nicht vergessen werden. Wenn die harten Fakten der (angeblichen) Messbarkeit aller menschlichen Aktivitäten als Gesetzmäßigkeiten in Schwarz-Weiß daherkommen, ist die Poesie Farbe und Klang. Technik steht nicht im Widerspruch zur Natur und zu den Kulturleistungen der Kunstfertigkeiten; beide Bereiche ergänzen einander. Die ewige Sehnsucht des Menschen nach Schönheit, Wahrheit einerseits und der Versuch, tiefe Gefühle wie Liebe und Leid auszudrücken, findet u.a. als Macht der Magie der Musik ihren Ausdruck. Der Lebenslauf eines Menschen mag datenmäßig erfasst werden. Die Farb-Töne und das Lebens-Lied eines Menschen gehen weit über die technischen und problempsychologischen Fakten hinaus. Das erleidende, singende, schwebende und stimmige Glück eines glückenden Lebens ist nicht messbar.

Ein Poet wie der Maler Marc Chagall vereinigte in seinem Werk Malerei und Musikalität, Spiel, Trauer und Liebe in Farben und Formen. Er konnte „das Ganze", das Vollgültige ausdrücken, ohne „unterteilen" zu müssen. Goethes Lyrik ist bei aller Anschaulichkeit auch poetisch, naturbeseelt, bescheiden, ehrfürchtig und großartig: „Ich blick in die Fern, ich seh' in die Näh', den Mond und die Sterne, den Wald und das Reh." Mozarts Musik erfasst uns. Sie wird nicht nur gehört und geliebt, sondern aktiviert in uns den symphonischen Zusammenklang aller Vieldeutigkeiten, Gegensätze und führt uns damit in andere Wirklichkeiten: Wir erleben seine Musik. Unsichtbares wird sicht- und hörbar, bringt in uns etwas zum Schwingen und Schweben.

Im poetischen Klang der Dinge überhöht sich das, was im alltäglichen Leben dürr, einfach, sachlich, schlicht, fantasielos – eben prosaisch ist oder sein muss. In der Wüste des Alltags benötigen wir zuweilen die Oasen der Kultur, um zu überleben. Es scheint so, als würden wir sonst unsere so wichtigen Empfindungen und Gefühle hinter der neuen Maske der „datenbasierten Evidenz" verbergen wollen, um nicht unsere Bedürftigkeit nach innerer Schönheit, nach dem sinnlichen Reichtum und der Fähigkeit, der Erdenschwere zumindest zeitweilig zu entfliehen, zu erkennen. Es ist ein Prozess der Bildung, Licht, Klang und Farbe über die Datenseligkeit zu gießen.

Die Künste, m. E. vor allem die Musik, weisen über das Unsagbare ins Geheimnis des Lebens. Einfach schön!

Privilegien

Es ist wohl eines der größten Missverständnisse, dass (alle, die meisten?) Menschen meinen, sie seien etwas Besonderes und hätten dadurch auch ein besonderes Anrecht auf eine bevorzugte Behandlung. Gern gehen wir Schmeichlern auf den Leim, die uns Süßholz raspelnd bedeuten, dass wir ein ganz spezieller Gast oder Kunde seien, dem sie ein Vorzugsangebot machen können und wollen. Immer sind wir darauf aus, im Vergleich zu anderen besser, schöner, schneller, klüger ... zu sein. Auch in der negativen Interpretation unseres Lebens neigen wir dazu, uns als besonders belastet, gefordert und benachteiligt zu beschreiben. Wollen wir einerseits Bewunderung erzielen (der Egomane, Narziss), so liegt uns auch die Rolle, Mitleid zu erheischen (schüchterne, selbstunsichere Personen). Es sind diese beiden Strebungen, die uns den Umgang mit anderen Menschen schwer machen. Wo jeder glaubt der Größte zu sein, wird alles zum Mittelmaß. Und wo Menschen meinen, sie müssten zu ihrem alleinigen Glück getragen werden, entstehen unwuchtige, ungleiche Beziehungen. Jedes Verhalten ist gelernt, hat also irgendwelche „Wurzeln“ und erfüllt auch zugleich einen Zweck. Menschen wollen Beachtung. Sie wollen zur Kenntnis genommen und letztlich geliebt werden.

Wir haben uns im „Gefängnis“ unserer Vorurteile eingerichtet und glauben, so sei die Welt. Haben wir einen „besonderen Status“ oder eine „höhere Position“ erklommen, glauben wir gern, dass uns auch besondere Privilegien zustünden. Wir sind zum großen Teil unbescheiden geworden, wenn uns Vieles geglückt und zugeflossen ist. Der größte Feind des Rechts ist aber das Vorrecht. Wie Schönheit vergeht auch Erfolg – und Ansehen wie Weisheit zerschellen am Anspruch, bevorzugt behandelt oder als besonders gebildeter Mensch betrachtet zu werden. Zwar erreicht man mit „Klamauk" viel Aufmerksamkeit – aber Sympathie erfährt der eher bescheidene, sich zurückhaltende, kompetente und liebenswürdige Mensch. Es ist stets die alte Dichterfrage von Schein oder Sein – von Namen oder Persönlichkeit.

So sehr wir glauben möchten, unabhängige Personen zu sein, sind wir doch immer auch auf andere Menschen und deren Bestätigung und Zuwendung angewiesen. Das gilt besonders dort, wo wir unsere gewohnte Komfortzone verlassen. Die Privilegien der Jugend werden im Alter von einem selbst oft als Laster und von anderen als Karikatur seiner selbst empfunden.

Profane, heilige Momente

Der ganze Abend war voller Musik und andächtiger Zustimmung. Mahlers *Lied von der Erde.* (Es könnte auch Mozarts Requiem, Beethovens Neunte oder Schuberts letzte Klaviersonate gewesen sein ...). Es ist dieser stille Rausch des Dabeiseins, des In-der-Musik-Seins, des Lauschens, des Mitschwingens, der Fantasien ... Bei Mahler schmerzerfüllte Abschiedstöne, bittersüße Klangwelt, musikalische Ergründung von Tod und Auferstehung. Dann ist die Musik zu Ende; der Dirigent hat noch den Taktstock erhoben, die Musiker verharren in ihrer Schlusshaltung, das Publikum ist stumm und ergriffen ... Dies ist ein „heiliger Moment". Der Taktstock sinkt und die Stimmung der Menschen explodiert im Applaus.

Die „Königskinder" treten nach der Zeremonie ihrer Eheschließung vor das Portal der Kathedrale und umarmen sich – dann der von allen ersehnte Kuss ... Jubel. In den Trümmern einer Stadt singt ein kleines Mädchen ein trauriges Lied. Es ist der Moment kurz vor dem lang ersehnten Regenguss nach einer langen Dürre. Die kurze Zeit nach dem Orgasmus. Nach düsteren Tagen der erste Sonnenstrahl ... Oder man steht im Museum plötzlich einem sehr geschätzten Original-Kunstwerk gegenüber.

Ein kleiner Junge klettert geschickt auf die höchste Spitze des Baumes. Wir schauen atemlos und mit etwas Angst empor – dann: der letzte noch mögliche Ast –, und der Junge winkt uns zu. Aus der atemlosen Beobachtung wird Freude, die sich gleich danach wieder in Sorge wandelt, weil die Rückkehr noch nicht gesichert ist. Sie gelingt. Jubel.

Wir kennen diese kurzen, heiligen Momente, die es benötigt, um das Geschehen wirken zu lassen, um es zu begreifen. Wo die Atmosphäre der stillen, empfindsamen Spannung sich nach diesen Sekunden der Einkehr, einem Hiatus, in Begeisterung wandelt, sind wir tiefinnen berührt. Diese Ergriffenheit kann Tränen auslösen, Jubel bewirken und den Körper des Einzelnen und der Masse in Rage versetzen. Plötzlich fühlen wir uns mit der ganzen Welt verbunden.

Wir erleben diese Momente der Freude und des Mit-Leidens, die Liebe, der Lust und der Treue und Leidenschaft als Gipfelerlebnisse. Sie machen unser Leben reich. Uns fehlen meist die Worte, um dieses tiefe Empfinden zu beschreiben. Handelt es sich um Ekstase? Einem Zustand des Außer-sich-Seins? Diese außerkörperlichen Erfahrungen stimulieren unsere Sinne massiv. Das größte Vergnügen verliert seinen Reiz, wenn es zu lange währt. Es sind diese „heiligen Momente", in denen wir die Zugbrücke unseres verhärteten Selbstschutzes herunterlassen, zu dem, was uns bewegt.

Profaner Glaube

Gibt es so etwas? Die Religionen haben ihre jeweilige Geschichte, und sie erzählen ihre Geschichten. Wer erzählt sie? Ihre administrativen Verwalter: Priester, Imame, Rabbis und deren „Vorsitzende". In ihren jeweiligen gesellschaftlichen Formationen bedienen sie sich ihrer Religion, um ihren Gläubigen Richtung und Maß zu verordnen.

Die Aufklärung hat uns – zumindest geistig – von der Vorherrschaft einer Priesterschaft befreit. Der Wunsch nach einer wie auch immer gearteten Spiritualität ist uns Menschen geblieben – unabhängig von den religiösen Institutionen. Wir suchen Halt, Ankerpunkte, wollen Verlässlichkeiten, haben Hoffnung auf etwas Sicheres, Wesentliches. Das sind weder die materiellen Güter noch die unterschiedlichen Lehren oder Ideologien, die uns an das Leben binden. Alle diese menschengemachten Vorstellungen sind Hilfskonstrukte, die unsere Unsicherheit kanalisieren sollen. Was bleibt zum Ende des Lebens? In jeder Religion? Der Mensch atmet ein letztes Mal aus, seine Herz- und Hirnströme brechen zusammen, er erkaltet.

Kann sich nicht der Gedanke aufdrängen, dass es „nur Energie" ist, die uns am Leben erhält? Ob wir Nahrung – physischer oder geistiger Art – aufnehmen oder Sonnenwärme, ob wir Liebe erfahren oder berufliche Erfolge haben, auch der Zuspruch von Menschen (u.a. Priestern, Therapeuten) und das Selbst-Mutmachen … all dies sind verschiedene Wege, um Energien zu tanken, um lebendig sein zu können. Irgendwann machen die „Energiespeicher" nicht mehr mit: Altersschwäche, Schädigungen, Unterversorgung …

So sind auch „die Religionen" ein Teil jener profanen Energieerzeugung und -erhaltung, die es uns ermöglicht, unser Leben zu leben. Gute, dosierte und schmackhafte Nahrung hilft. Jede Kultur hat ihre Gewohnheiten. Wollen wir wirklich darüber streiten, wessen Essen besser schmeckt?

Vom Dalai Lama (spirituelles Oberhaupt der Tibetischen Buddhisten) stammt der Gedanke: „Ich denke an manchen Tagen, dass es besser wäre, wenn wir gar keine Religionen mehr hätte. Alle Religionen und alle Heiligen Schriften bergen ein Gewaltpotential in sich. Deshalb brauchen wir eine säkularisierte Ethik jenseits aller Religionen." Er weist auf den Unterschied von Ethik und Religion hin und sagt, das ähnele dem Unterschied zwischen Wasser und Tee. Ohne Wasser gibt es kein Leben – und wir verwenden Gewürze, Blätter und Zutaten, um daraus einen schmackhaften Tee zu bereiten. Die Zutaten sind die verschiedenen Religionen, wir können ohne sie auskommen – aber nicht ohne Wasser!

Qualität

Die Güte, das Niveau oder die Eigenschaft einer Sache bzw. einer (Dienst-) Leistung sagt etwas über die Qualität aus. Wie und womit misst man das? Geräte können Größe, Dauer, Gewicht, Dichte, Lautstärke, Spannungen, Druck und Temperaturen messen. Quantitative, empirische Messmethoden erfassen Zahlen, verarbeiten sie zu Formeln und Statistiken. Qualitative, beschreibende Forschungsmethoden erfassen verbale Daten (also keine Zahlen, Skalen, Tests und Statistiken) und werten diese in Inhaltsanalysen aus. Heute wird immer mehr gemessen, gewogen und dann bewertet – aber viele Dinge von großer Bedeutung sind nicht wirklich messbar: Liebe, Freiheit, Vertrauen, Glaubhaftigkeit ... Ein alter Physik-Professor hat mir mal gesagt: „Wer viel misst, misst Mist."

Wer von Qualität spricht, muss auch seine Maßstäbe benennen: Wollen wir uns an der Mehrheit orientieren? Oder suchen wir Qualität „im oberen Segment"? Mittelmäßigkeit ist in vielen Bereichen nicht genug. Maschinengemachte Produkte sind oft „nur" profitsüchtiger Durchschnitt. Und leider haben viele Menschen in unserer stark mediengeprägten Welt oft auch ohne Qualität ihres Tuns Erfolg, weil sie die Masse begeistern.

Kann man von Qualität sprechen, wenn es auch der Masse gefällt? Ist Qualität ein anti-demokratischer Dünkel? Qualität hat seinen Preis; kann den jeder zahlen? Muss nicht alles Vortreffliche selten sein (Cicero)? Scheidet die Forderung nach Qualität die Elite von der Masse? Ist „Provinzialismus" bereits ein negatives Qualitäts-Urteil?

Lebensqualität hat auch etwas zu tun mit nicht käuflichen Gütern: Anstand, Würde, Zeit und Zuwendung, Freundschaft, Rat, Aufenthalte in einer gesunden Umgebung ... Wer Qualität schafft, hat oft mehr Niveau, als er sich finanziell leisten kann; denn es „kostet“ etwas, etwas Gutes herzustellen. Und ein Qualitätsgefühl ist immer eine Gefühlssache.

Quereinsteiger

Wer nicht von Anfang an dabei ist, gehört nie ganz dazu. Der Neubürger, der Flüchtling, der „Neig'schmeckte", der Quereinsteiger oder der Bildungsaufsteiger oder auch der Neureiche … immer bemüht man sich, dazuzugehören. In der Politik muss man am besten den „Stallgeruch" mitbringen, wenn man Karriere machen will. In einer Verwaltung in die Spitze aufzusteigen, erfordert zusätzlich Ellenbogen und Beziehungen sowie das Glück oder Talent, im richtigen Moment an der richtigen Stelle zu sein. Die Sprache, die Herkunft, das Aussehen, die Freunde, mit denen man umgeht, sind ausschlaggebend, ob einer dazugehört oder nicht.

Als Schriftsteller, Journalist, Künstler kann man mit Glück und bei Wohlwollen hineinwachsen in die Gesellschaft, zu der man gern gehören möchte. Eine Garantie gibt es nicht. Wird das Werk beschwiegen, gar verschwiegen und wird nicht demselben Mythos gehuldigt, bleibt der verlorene Sohn in seiner Zerrissenheit einsam – und schweigt; wird bestenfalls geduldet. Wo uns eine neutrale, nebelhafte Gleichgültigkeit entgegenwabert, verlieren wir das Zutrauen zur Welt. Schöne Frauen von damals und besonders gescheite Männer sind im Alter rasch sehr allein! Sieht und erlebt man dort die derb-fröhliche Art der Einheimischen beim Feiern, beschleicht dem ewig Fremden diese latente Traurigkeit, die – im Alter – an die Schwermut heranreichen kann und in die ungestillte Sehnsucht übergeht, nicht allein sterben zu müssen.

Fremdsein ist das, was uns immer rätselhaft bleibt. Aber im Fremdsein können wir zu Poeten werden, wie ein Clown im

Zirkus! Im Alleinsein ist das Herz voll, wenn der Mund auch schweigt. So stolpern wir durch die Manege. Wo die gemeinsame, gefühlte Sprache fehlt, kommt man nur schwer zusammen. In einem wechselseitigen Missverständnis hält man zueinander Distanz, bestenfalls aus gegenseitigem Respekt.

Ja, wir sind nur Gäste, Reisende, Fremdlinge und bleiben oft Unbekannte ohne Namensschild an der stummen Klingel. Es gibt übrigens viele Fremde in unserer unmittelbaren Nachbarschaft. Nicht nur woanders sind wir immer wieder Fremde.

Rache

Welch scheußliches Wort. Gescheiterte Beziehungen, Nachbarschaftsstreit, Familienfehden, politische oder diplomatische Auseinandersetzungen, enttäuschte Freund- und Liebschaften ... Rache als Thema in unglaublich vielen Theaterstücken, Opern, (Western-)Filmen, Romanen und Slapstick-Geschichten. Sie wimmeln von Akten der Vergeltung. Der Rächer kennt keine Gefahr! Ein Held?

Wo wir uns – vor allem als Männer – in unserer Ehre und unserem individuellen Rechtsempfinden verletzt und gekränkt fühlen, sinnen wir auf „Wiedergutmachung" durch gedachte oder vollführte Racheakte. Wenn wir die Rechtsprechung als ungerecht empfinden, glauben wir uns zu alttestamentarischen Prinzipien von „Auge um Auge, Zahn um Zahn" berechtigt – bis alle blind sind! Wo Blutrache, die Pflicht zum Blutgeld und Vendetta gelten, wäre es die größte Schande für einen Mann, die erlittene Kränkung n i c h t zu rächen. Und wir alle kennen das Empfinden der Genugtuung, wenn unserem „Feind" etwas Schlimmes geschieht: „Rachevoyeurismus" könnte man das nennen. „Das geschieht ihr ganz recht!" Jeder kennt diese Rachegelüste, die zwar nicht in die Tat umgesetzt werden müssen, aber doch wunderbar erleichtern und entlasten. Psychologisch sind sie nützlich, denn sie regulieren nachweislich den seelischen Stuhlgang, und stellen das verwundete Selbstwertgefühl wieder her. Solche Gefühle geben einem wieder ein Stück Macht-Empfinden zurück und aktivieren die geschundenen Lebenskräfte.

Aber: „Die Rache ist keine Zierde für eine große Seele" (Lessing). Wer die – vielleicht nachvollziehbare – Gelegenheit zur Vergeltung nicht nutzt, zeigt mehr seelisch-moralische Stärke als der Verursacher seines Leids. Vielleicht ist die beste Form der Rache, sich eben gerade nicht zu rächen? „Wer auf Rache sinnt, reißt seine eigenen Wunden auf. Sie würden heilen, wenn er es nicht täte“ (Francis Bacon). Liegt nicht darin auch eine besondere Würde, auf Vergeltung zu verzichten und bessere, klügere Methoden der Entlastung zu praktizieren? Und können wir uns nicht frei machen vom Gefühl der Rachsucht – wie von Gefühlen des Neides, der Missgunst und des Hasses? Vergebung statt Rache wäre ein internationales Lernprogramm für „eingeschnappte“ Politiker.

Sicherlich gehört eine gewisse Lebensreife dazu zu erkennen, dass man erst nach der Reue zur Güte findet. Güte tut der Seele gut – und sie vermeidet im Alter die Bitterkeit.

Reinigung

Es ist oft so, dass wir einiges erlebt haben (eine Auseinandersetzung, ein Gespräch, ein Erlebnis ...) und schon sollen wir „das Feld wechseln“ und in einem ganz anderen Bereich tätig werden. Aber das Vorherige beschäftigt uns noch dermaßen, dass wir gar nicht ganz bei der Sache sind. Häufig ist es auch so, dass wir beladen mit (eher negativen?) Eindrücken nach Hause kommen und unsere Partner mit dem, was uns widerfuhr, konfrontieren. Das kann sinnvoll sein. Das kann aber auch für die Beziehung belastend sein, wenn man sich nicht darüber klar wird, wieviel Eindrücke, Bilder und Informationen die Beziehung zu diesem Zeitpunkt verträgt.

Es wäre gut, wenn wir so etwas wie eine „Reinigungsschleuse“ einrichten könnten: Immer bevor wir aus einer anregenden Situation in die andere wechseln, nehmen wir uns ein paar wenige Minuten Zeit, um „das Alte“ zu verarbeiten und abzulegen (vielleicht kann man sich ein paar Notizen machen?). Der Geist benötigt meist einige Zeit, um das Gewesene richtig einzuordnen. Nicht schlecht ist es, wenn man sich die Situation noch einmal vergegenwärtigt – aber eben auch aus der Sicht der anderen, beteiligten Personen. Diese „Dezentralisierung von sich“ hilft, den Horizont zu weiten, das Verständnis für andere zu kultivieren und Spannungen abzubauen.

Natürlich sollen wir unsere Nächsten an unserem Denken und Fühlen, Handeln und Hoffen teilhaben lassen – aber eben nicht zu massiv, nicht zu „kleinkariert“, aber vor allem: Beziehungen leben vom wechselseitigen Einfühlen und Verstehen, Beraten und Erleben. Dazu gehören das Zuhören und die gegenseitige Achtung. Sich selbst und seine Vorstellungen immer in den Vordergrund zu rücken, belastet die Beziehung. In einer

„Schleuse“ könnte man auch – bevor man zuhause ist – ein paar Minuten darauf verwenden, um a) die gerade hinter mir liegende als auch b) die möglicherweise vor mir liegende Zeit zu „bedenken“. Und was hat der Mensch, dem ich meine Erlebnisse vor die Füße werfen möchte, selbst erlebt? Habe ich dafür ein Ohr?

Es benötigt etwas geistige Disziplin, sich zurückzuhalten und trotzdem – oder gerade deswegen – offen zu sein für andere Menschen. Dabei kann man sich immer wieder die beiden wichtigen Fragen danach stellen, was mir eigentlich *wirklich* wichtig ist, und ob es hilfreich ist, dass ich mich mit „diesen Gedanken“ herumschlage? Wir sind nicht unsere Gedanken. Man muss sie auch nicht immer so ernst nehmen.

Respekt

Wer das Gefühl hat, nicht be- oder geachtet zu werden, neigt dazu, sich Gehör, Beachtung und letztlich Respekt zu verschaffen. Respekt kennt keine sozialen Unterschiede. Respekt nimmt den anderen Menschen, seine Befindlichkeit, seine Werte und seine Anliegen zur Kenntnis und enthält sich einer wertenden Haltung: „So wie du bist, bist du in Ordnung." Die ursprüngliche Bedeutung von respektieren war zurückschauen und Rücksicht nehmen. In demokratischen Gesellschaften erleben wir eine horizontal strukturierte Bevölkerung: „Alle Menschen sind vor dem Gesetz gleich ..." usw. (Art. 3; 1 GG).

Zwar hat Respekt wohl stets etwas mit Achtung, Anerkennung und vielleicht mit Verehrung zu tun. Grundsätzlich hat aber kein Mensch, gleich in welcher Position er steht, das Recht, besondere Vorrechte hinsichtlich Beachtung zu beanspruchen. Auch Präsident und Kanzler, Bischof und Professor usw. sind hinsichtlich ihres Amtes möglicherweise aus der Menge herausgehoben – aber nur, um mit ihrem Status und der ihnen dadurch erwachsenden Macht in einem besonderen Maß verantwortlich und den Grundsätzen der Demokratie entsprechend umzugehen. (Leider verändert „Macht" wohl leicht die Persönlichkeit?)

Personen mit einer hohen oder überhöhten Selbstwertschätzung neigen leicht dazu, andere Menschen „abzuwerten" oder geringzuschätzen. Sie werden dadurch nicht besonders sympathisch. Im positiven Sinn resultiert Autorität aus einer menschenfreundlichen, mitfühlenden Einstellung, einer inneren Sicherheit, dem Selbstvertrauen und einer personalen Kompetenz und emotionalen Stabilität.

Es gibt auch den Respekt sich selbst gegenüber. V. Frankl hat gesagt: „Man muss sich nicht alles gefallen lassen – auch nicht von sich selbst!“ Selbstachtung benennt Grenzen. Und man wird sich durch flegelhaftes Benehmen anderer Menschen nicht anstecken lassen. Man gibt ihnen nicht die Macht, sich von ihnen ärgern zu lassen. Wir können durch eine angemessene „Gedanken- und Bilder-Hygiene“ dafür Sorge tragen, dass wir uns nicht in „Kopflosigkeit“, Panik oder Entsetzen treiben lassen. Verwirrung ist immer auch ein Produkt von mangelhafter Ordnung im eigenen Kopf. Auch der Mut, sich seiner „Dummheit“ bewusst zu sein, ist ein Zeichen von Respekt dem Klügeren gegenüber. Und jeder Mensch ist in irgendeinem Bereich klüger als ich!

Sänger leben länger

Vielfältig können wir am Leben teilhaben. Eine der schönsten Formen besteht darin, gemeinsam mit anderen Menschen Musik zu machen, dazu zu tanzen und sich in seinen Emotionen anstecken und tief berühren zu lassen. Eine besondere Form ist das gemeinsame Singen. Ohne Scheu, mit einem Instrument etwas falsch zu machen, kann man mit seiner Stimme in den Chor der vielen einstimmen, stimmig werden. Eng verknüpft mit der Atmung ist das Singen ein guter Weg zur Erhaltung (oder Wiedergewinnung) der Lungenfunktion.

Das gemeinsame Tun und Erleben ist in allen Kulturen seit altersher bekannt gewesen. Besonders bekannt war die Wirkung der Musik auf das menschliche Gemüt bei Feiern, bei Kriegszügen und bei meditativen Übungen oder bei Trauerprozessionen und wurde auch gepflegt. Wiegenlieder beruhigen, das gemeinsame Summen, aber auch das ekstatische Schreien und Jubeln schafft Verbundenheit, suggeriert Stärke und vereinheitlicht die Stimmung.

Im Chorgesang tragen Sängerinnen und Sänger gemeinsam ein erarbeitetes und eingeübtes Werk – zuweilen vor einem großen Publikum – vor. Die mehrfach besetzten Stimmen fügen sich, je nach Anlass, zu meist großartigen, harmonischen Gesamtwerken: Messe, Motette, Tedeum und Magnifikat, Kantate, Oratorium, Passion oder Requiem. Jubelnde Kinderchöre, deftige Männerchöre, Solisten und Wechselgesänge geben dem Leben seinen lyrischen Ausdruck. Volkstümliche A-cappella-Chorliteratur werden wie die künstlich aufgebauten, instrumental begleiteten Opernwerke oder gar die heutigen textfreien Stimmproduktionen aufgeführt. Aber am schönsten ist es immer noch, mitzutun. Schlager als populäre Liedformen und moderne Folkmusic begeistern bei Festivals als Musik-Evergreens – oder gar Oldies die Hörer-Evergreens und Oldies im Publikum. Der Musikgeschmack eines Menschen gehört zu den stabilsten Merkmalen einer Persönlichkeit.

Es sind auch die „alten Lieder", die uns an unsere Kindheit zurückerinnern, die in uns eine gewisse Wehmut entstehen lassen, die uns bis jenseits eines demenziellen Gedächtnisverlustes begleiten.

Schönheit

Der Sinn für das Schöne lässt sich kultivieren. Vielleicht kommen wir im reiferen Alter dazu, „das Schöne" um uns herum überhaupt erst wirklich wahrzunehmen? Das Schöne, mit dem wir uns umgeben, ist ein Symbol für das Fest des Lebens. Haben wir dafür ein Gespür entwickelt? Können wir in den Gegenständen wie in der „verwehenden" Musik die Symbole oder die Gestaltwerdung des Möglichen erkennen? Gelingt es uns, im Schönen sowohl die Göttin der neun Musen, die Mnemosyne, zu erkennen wie auch – ganz schlicht – all das zu genießen und so zu lassen, was und wie es gerade ist? Sich anmuten zu lassen, ist diese Fähigkeit, sich von Dingen oder Menschen in einem sehr positiven Sinn anregen zu lassen. Die Funktion des Schönen ist es, den Abgrund zwischen dem Idealen und dem Wirklichen zu schließen (Gadamer). Dies gilt für die Kunst der Vergangenheit wie für die Werke und Erscheinungen der Moderne.

Ist nicht auch die Sprache eine Quelle der Schönheit?

In unserer westlichen Kultur wird durch die Schönheit oft ein Begehren geweckt: das „Anmutige" zu begreifen, anzufassen, zu besitzen, wenigstens (möglichst auch) darüber zu verfügen (Ausstrahlung, Anreiz, Grazie ...). Und im Gegensatz zum östlichen Verständnis wird in der westlichen Kultur in verschiedenen künstlerischen Projekten versucht, die perfekte Grazie der „Naturschönheit" nachzubauen und in einer angeblichen neuen Vollkommenheit auf eine Maschine (eine Puppenkonstruktion) zu übertragen (Kleist). Ist „das Ewige", das Einmalige oder ist „das Vergängliche" nicht Quelle des „Schönseins"? Will Kunst wirklich nur das Flüchtige ins Bleibende verwandeln? Liegt nicht auch gerade im Unperfekten, im Gebrauchten, im lang Bewährten eine besondere Schönheit? Ist ein altes Gesicht nicht auch schön? Strahlt nicht der alte, gebrechliche Mann auch zuweilen eine „schöne Würde“ aus? Das gute Essen, seine Darbietung kann in mir das Wort und Gefühl: „Schön“ auslösen – und das ist mehr als nur das „Bild“.

Schönheit finden wir im Detail wie auch im Ganzen: Eine Symphonie, eine Landschaft, ein Ensemble, ein Bild, ein Gedicht ... Was mich anrührt, bewegt, anspricht ..., bewirkt etwas in mir, verändert mich einen Moment, kann aber auch dauerhaft Einfluss auf mein Befinden nehmen. Stehenbleiben, anschauen, hinhören und genießen.

Das tragende Moment des „guten Lebens“ ist der Dreiklang aus Freundlichkeit, Schönheit und Freude. Die Freude am Schönen sei das „interessenlose Wohlgefallen“ (Kant): Wenn man Freude am Schönen hat, „dient“ das nur dazu, Freude zu haben ...

Schuld

Kinder sind noch ohne Schuld, weil sie die Ursachen des Elends noch nicht erkennen. Wir Erwachsenen haben immer ein latentes Schuldgefühl. Darauf basiert unsere Ethik: Ohne Schuldgefühl gäbe es kein Verantwortungsbewusstsein. Menschen werden nicht nur dort schuldig, wo sie anderen Leid zufügen, sondern auch dort, wo sie nicht verhindern, dass Leid geschieht.

Wir können gegen rechtliche Vorschriften verstoßen. Durch Handlungen oder Unterlassungen können wir mit-schuldig werden, weil wir gegen ein sittliches Gebot verstoßen. In freier Entscheidung handeln wir gegen Verpflichtungen oder ungeschriebene Gesetze (z.B. der göttlichen) und machen uns schuldig; dafür müssen wir die Verantwortung tragen. Hat der Mensch den angeblich unerforschlichen Hang zum Bösen? Ist Schuld unabhängig vom Bewusstsein?

Schuld ist eine Urerfahrung des Menschseins. Mit der Anerkennung der Schuld ist stets der Gedanke einer möglichen Tilgung durch Wiedergutmachung, Reue oder Sühne bzw. durch Verzeihen des Geschädigten verbunden. Schuldgefühle stimulieren die Reifung sozialer Fähigkeiten.

Wir suchen oft die Schuld bei anderen, bei der Gesellschaft – und spätestens dann merken wir, dass wir so keinen Schuldigen finden werden. Haben „alle anderen“ Schuld, hat niemand Schuld! Es wäre sinnvoller, nach den Ursachen für Missstände zu fragen. Und die liegen oft auch in unseren zurückliegenden Versäumnissen oder Duldungen „des Bösen“. Der aufgeklärte, kultivierte Mensch weiß, dass er letztlich nur Menschen gegenüber schuldig sein kann – und sich selbst! Dabei kann ein interessanter Mechanismus beobachtet werden: Es gibt Menschen, die nehmen rasch alle Schuld (z.B. bei einem Ehestreit) auf sich. Sie kokettieren mit ihrer Schuld, um damit andere von sich abhängig zu machen und um bedauert zu werden. Wer sich als Opfer schwach gibt, wird nicht weiter bedrängt.

Als reife Menschen haben wir Widerstandsressourcen oder Widerstandskräfte gegen die uns ständig bedrängenden Spannungen, Probleme, Konflikte und Ungerechtigkeiten erworben. Damit ist nicht das Verdrängen gemeint, sondern die Erkenntnis, dass Erwartungen an das, was sein sollte, nicht von mir allein erfüllt werden können. Diese Selbst- und Anspruchsrelativierung akzeptiert, dass man selbst nicht im Zentrum der Welt steht, und dass Bescheidenheit nichts Abwertendes bedeutet. Es gehören auch Mut und Kraft dazu, Schuld auszuhalten.

Schweigsamkeit

Es ist die (ewige) Unruhe, die uns jeden Tag belastet. Das bunte Flimmern der Dinge lenkt uns ab und hin zu ständig Neuem. Dazu Geräusche – meist ohne Substanz. Wer zu sich kommen will, muss bei sich sein. Das bedeutet, dass man seine Unruhe bewusst wahrnehmen sollte, um sie im behutsamen Deuten („Was ist in mir los?") zu wandeln, zu verstehen.

Kein Kampf, sondern lächelndes Gewahrwerden – schon verändert sich die Unruhe: Ich registriere sie, lasse mich aber nicht von ihr in den Griff nehmen. Unruhe ist Lebendigkeit – und sie spricht zu mir. Ich freunde mich mit ihr an.

Schweigend gehe ich mit den Aufgeregtheiten um: Ich gehe ganz bewusst – also mit wachen Sinnen – in das hinein, was ich tue, denke oder spüre. „Gedankenverloren" und zugleich meine Gedanken nicht zu ernst nehmend. Lächeln. Mich selbst befragen. Ich gehe achtsam, langsam, spürend. Mein Körper spricht mit mir. Er verfügt über eine eigene Weisheit.

Sind wir mit Menschen zusammen, fallen die „Schwätzer" im Allgemeinen unangenehm auf. Und auch jene, die zu allem etwas beitragen müssen. Wer viel redet, verliert leicht die Fähigkeit, tiefgründige Gedanken und Empfindungen zu haben. „Wenn du geschwiegen hättest, wärst du ein Philosoph geblieben", sagt eine Weisheit. Wer pausenlos kluge Eier legt, bringt am Ende nur noch Windeier hervor. Im Schweigen können wir Gedanken reifen lassen, bevor wir sie ins Wort bringen. Durch die unglaublich intelligenten Medientechniken werden wir immer wieder mit unglaublichen Belanglosigkeiten überschüttet. In der Stille und dem Schweigen ruht Kreativität und die Fähigkeit zur Problemlösung.

Im Zusammenleben und im einsamen Tun gibt es Situationen und Erlebnisse, die so zart, so kostbar, vielleicht auch so großmütig sind, dass sie nicht in die Öffentlichkeit gehören. Wenn man sie ausspräche, verlören sie ihren heimlichen Wert. Schweigen ist die gute Heimat des Wortes. Auch wenn die Worte dem Verständnis dienen – hat das gemeinsame Schweigen ebenso eine große Kraft für eine Beziehung. *Die besten Freunde sind diejenigen Menschen, mit denen man über dieselben Dinge schweigen kann* (unbekannter Verfasser).

Schwierigkeitsvergleich

Wir machen uns ein Bild von uns selbst und von den anderen Menschen. Wir halten uns für wichtig oder auch nicht. Und wir halten andere Menschen für bedeutsam, klug und schön – oder auch nicht. Aber wir wissen auch, dass wir irren – und wir wissen, dass wir lernen können. Kinder vergleichen sich und werden mit (älteren Geschwistern oder Mitschülern) verglichen. Jugendliche erkennen, dass sie oft ganz anders sind als alle anderen – und haben nur den einen Wunsch: so zu sein wie alle. Es ist ein Zeichen des emanzipierten Erwachsenseins zu erkennen, dass jeder Mensch eine eigene Persönlichkeit darstellt und dass es vergebliche Liebesmühe ist, wie andere sein zu wollen. Das beinhaltet auch, dass wir uns über unsere grundlegende Lebensanschauung klar werden. Durch erzieherische Früherfahrungen können sich grundsätzlich vier verschiedene Lebensanschauungen entwickeln (Transaktions-Analyse): 1. Ich bin nicht o.k. – du bist o.k. 2. Ich bin nicht o.k. – du bist nicht o.k. 3. Ich bin o.k. – du bist nicht o.k. und 4. Ich bin o.k. – du bist o.k.

So ist die Kernfrage, ob man diese früh gelernten Haltungen überwinden kann? Ja, denn sie stellen kein Naturgesetz dar – sondern es sind Entscheidungen, die man trifft. (Im frühen Kindesalter „geschehen sie einem" – man ist ausgeliefert!). Später trifft man Entscheidungen auf der Basis von Daten mithilfe der Vernunft (wobei immer auch starke Gefühle mitwirken). Sich selbst weder auf- noch abzuwerten und das Gleiche mit seinen Mitmenschen zu tun, ist der Königsweg guter Beziehungen: „Ich bin o.k. – du bist o.k."

Wir müssen nicht ständig werten – und können es letztlich auch gar nicht, weil wir ja dazu meist gar nicht den richtigen

Maßstab haben. Wir können feststellen, wer schneller laufen kann, oder vielleicht auch, wer eher dem gängigen Schönheitsideal gleichkommt. Bei der Intelligenz ist es bereits viel schwieriger – und bei der Frage, welcher Mensch „besser“ oder wertvoller ist, fehlen uns völlig die Kriterien. Es ist auch Unsinn, sich aus dem Vergleich mit anderen etwas einzubilden oder sich klein zu machen.

Von den vier hier dargestellten Lebensanschauungen sind die ersten drei eher Produkte oder Folgen unbewusster Früherfahrungen. Sie beruhen auf Gefühlen. Die vierte Haltung ist eine bewusste und begrifflich artikulierte Entscheidung. Sie beruht auf Denken, Überzeugungen und einer Entscheidung und setzt Geduld und Vertrauen voraus.

Seelenstärke

Fälschlicherweise denken wir bei Stärke wohl in erster Linie an die muskuläre Fähigkeit, schwere Sachen zu bewegen. Im Zeitalter der Maschinen und Roboter ist das überholt. Stark ist, so glauben wir, wer viel aushalten kann, wer sich viel zumutet, wer viel schafft ... Es gibt aber eine seelische Stärke, die sich auf ein sicheres Urteil und auf Beherrschung gründet. Sicheres Urteil bedeutet hier, richtig auszuwählen und Akzente zu setzen, Prioritäten zu benennen. Und Beherrschung bedeutet, dass man den angemessenen Umgang mit den Menschen, mit sich selbst und mit der „der Welt" pflegt: im Maßhalten und in der Balance von Schwächen und Stärken zum richtigen Zeitpunkt das Richtige zu tun, damit die Regulation von Emotionen gelingt. Seelische Stärke zeigt sich als ruhiges, abwägendes und unaufgeregtes Verhalten, gerade in schwierigen Situationen.

Männliche (Führungs-) Stärke wird oft in einer machtvollen Durchsetzung von Interessen gesehen: Das Recht des Stärkeren heißt Macht! Die weibliche Stärke liegt wohl eher in der Fähigkeit zur Geduld und des „Ertragens", des Empfangens, nicht im Angreifen. Man könnte sagen, dass das die Kunst sei, positive Gefühle herzustellen, die Verträglichkeit ermöglichen. Beiden Sichtweisen gemeinsam ist Klugheit als geistige Kraft, die sich auch als moralische Kraft ausdeutet. Man sagt – etwas salopp –: *Der Mann fühlt sich so stark, dass er Bäume ausreißen könnte. Die Frau fühlt sich so stark, dass sie Bäume pflanzen könnte.*

Seelische Stärke führt zu Ansehen bei den Menschen, mit denen wir umgehen. Das An-Erkennen seiner eigenen Schwächen und die Fähigkeit und Bereitschaft, von seinen Stärken rücksichtsvoll Gebrauch zu machen, kennzeichnen den „Starken", ohne dass er „die Schwachen“ missachtet. Er kann seinen Träumen handelnd nahekommen.

Ich denke, wir reifen langsam, wenn es um unsere dauerhaften Wesenszüge geht; dies im Wissen, dass wir uns ständig verändern und doch von den gleichen Werten bestimmt bleiben. So kann auch der alte, aber rüstige Mensch in seiner seelischen Stärke immer jung bleiben.

Selbstbestimmung – was ist das?

Ist der Mensch zur Entscheidungsfreiheit geboren oder erzogen? In unserer demokratischen Gesellschaft ist das Streben nach Autonomie stark verbreitet („Jeder möchte selbst bestimmen, was wie, wann und wo zu tun oder zu lassen sei"). Haben Kinder und bedingt Jugendliche noch die Regeln zum Funktionieren des friedlichen Zusammenlebens zu lernen, sind Erwachsene, also (angeblich) mündige Bürger, dazu heranerzogen, dass sie verantwortungsbewusst ihre „Freiheit in Grenzen" nutzen, um ihr Leben in dieser Gesellschaft angemessen zu führen. Eine Einengung der Autonomie kann und wird zu Widerstand (Reaktanz) und entsprechenden Folgen führen. Zur Wiederherstellung des „Freiheitsgefühls" werden u.a. abweichende – oft destruktive – Verhaltensweisen, Vorstellungen, Aggressionen und Auswege gesucht (und meistens auch gefunden).

In der gesellschaftlichen Diskussion liegt unser Verhalten auf einem Kontinuum, dessen Pole einmal die fremdbestimmte (extrinsische) und zum andern die selbstbestimmte (intrinsische) Motivation darstellt. Nun gibt es Menschen, die eher autonomieorientiert veranlagt sind und somit ihre Einstellungen und Verhaltensweisen gern selbst bestimmen. Dagegen richten sich andere Personen gern an „Autoritäten" oder externen Reizen bzw. Prinzipien aus (Konservativismus: Klare Ordnung, Respekt für Tradition, Gläubigkeit, Erhaltung des Status quo), die ein klar beschriebenes Belohnungs- und Bestrafungssystem kennen.

Ein gebildeter Mensch wird sich eher dem Pol der Selbstbestimmung annähern. Ohne die Gleichschaltung (Konformismus) zu wollen, wird er auch nicht seine Autonomiebestrebung auf die Spitze treiben und die gemeinschaftlichen Werte negieren.

Drei Autonomie-Faktoren kennzeichnen den selbständig denkenden und handelnden Menschen. Er verfügt über ein gelerntes Selbstvertrauen, kann sich also selbst positiv motivieren. Darüber hinaus ist er sich, je nach Situation, der eigenen Fähigkeiten, Grenzen und Positionen bewusst, um sich gegen andere Menschen durchzusetzen. Drittens ist er bereit, Entscheidungen zu treffen, die ihm guttun und die verträglich sind. Diese Faktoren entwickelt der Mensch in seinen unterschiedlichen Lebensphasen und Berufssituationen. Und er reicht sie als Fähigkeiten im besten Sinn weiter, indem er andere Personen emotional durch Zuwendung bestätigt; die Meinung und das Verhalten anderer Menschen wohlwollend und fragend begleitet sowie deren Möglichkeiten zum eigenen, aktiven Eingreifen fördert.

Selbstzweck

Kreative Künstler, Kinder und Köche, motivierte Maler und Meister ihres Faches verfügen über die Fähigkeit, ihre „Arbeit" hochkompetent unbewusst zu vollbringen. Nicht zu ihrem Ruhm oder für den Profit handeln sie, sondern aus Freude am Tun; vielleicht auch aus Freude an der „Pflicht", Gutes zu tun, wie ein Herzchirurg.

Um diese Form des Arbeitens zu erreichen ist es notwendig, sich von seinem Ich zu lösen. Wie ein Kind nur die Gegenwart schätzt, sind diese Meister ganz auf den Moment gepolt: Nur jetzt und hier ist entscheidend, was geschieht und wie es geschieht. Mit größter Konzentration, Präzision und einer gelassenen Versunkenheit in das Gegenwärtige achten sie auf kleinste Details. Sie spüren, dass ihr Handeln einmalig ist. Dies gerade auch deshalb, weil sie auf die kleinen Dinge achten, die sich so nie wiederholen werden. Das Leben ist erfüllt von Dingen und Ereignissen, die nicht ein zweites Mal geschehen.

Meister ihres Fachs haben Freude an dem, was sie tun. Ihr gesamtes Schaffen geschieht in Harmonie mit ihrer Innen- und Umwelt, mit den unterschiedlichsten Elementen innerhalb und außerhalb ihres Ichs. Sie wissen genau, was sie tun, lassen sich nicht ablenken, vergessen die Zeit und empfinden ein positiv-ekstatisches Erleben in der Vollendung ihres Werkes. Ihre kognitiven Fähigkeiten, auf kleinste Nuancen zu achten, sind ihnen nicht wirklich bewusst (Flow). Die Anforderungen der jeweiligen Situation und die Fähigkeiten des Meisters/der Meisterin passen optimal zueinander.

Wer sein verantwortungsvolles und oft anstrengendes Tun als Selbstzweck begreift, „arbeitet" in diesem Moment ohne jede Aussicht auf Anerkennung, denn wenn man in einem Zustand der glücklichen Konzentration ist, benötigt man kein Publikum. (Zumindest kommt es zu einer Verzögerung zwischen Tat und Belohnung).

Vielleicht sollten wir alle das Leben in der Gegenwart als die wichtigste Fähigkeit einer kindlichen Lebensfreude begreifen.

Spiegel

Wir alle tun es, manche sogar viele Male am Tag: in den Spiegel schauen. Was sehen wir dann? Uns? Sind wir so? Gefallen wir uns? Sehen wir die kleinen oder größeren „Ungereimtheiten" der Haut, der Haare, der Augen, des Mundes ...? Anders als auf einem Foto sehen wir uns hier lebendiger und können unsere vielfältigen Gesichtsmuskeln spielen lassen. Es ist ja nicht so, dass wir uns nur oft genau ansehen müssen, um uns „schön" zu finden – aber, wieder anders als beim Selfie, nehmen wir bereits bei der morgendlichen Wiederbegegnung mit uns selbst Kontakt zu unserem Innersten auf. Wir möchten glauben, dass unser Gesicht unsere Person widerspiegelt. Ja, wir erkennen auch, dass der Ausdruck unseres Gesichts, die Mimik, unserem Gegenüber unser Befinden zeigt – ob wir das wollen oder nicht. Also üben wir das Masken-Tragen!

Eine gute Bekannte führt eine Konditorei. Dort, wo ihre Bedienungskräfte die Kuchentheke verlassen, um zum Kunden zu gehen, hat sie einen Spiegel angebracht und groß darauf geschrieben: „So sieht dich unser Gast!" Wir kennen diese offenen, unverstellten, heiteren, ja, unschuldigen Kindergesichter, die (noch) nicht lügen können. Der Blick, das Lächeln, die Ausstrahlung sind ungelernt. Sie zeugen von einer inneren Fröhlichkeit dem Leben gegenüber. Im Managertraining wurde ich immer wieder gefragt, ob und wie man „Ausstrahlung" oder Charisma lernen könne? Das geht nicht vor dem Spiegel! Wenn es gelingen soll, muss man sein Innerstes „durchkämmen", auf Menschenzuwendung und auf ein „inneres Feuer" ausrichten, um Licht und Freundlichkeit zu visualisieren.

Der Spiegel zeigt uns unser Äußeres und lässt uns in der Selbstbefragung nach dem „Dahinter" forschen. Wir meinen,

Schönheit, Symmetrie, Glätte, Farbe und Form, Haaransatz und Lippenvolumen, Heben der Augenbraue usw. wären die Kriterien von Wohlgefallen. Schon mit kleinen Kindern gelingt das Spiel mit dem mimischen Gesichtsausdruck, der eine innere Haltung spiegelt: Zorn, Neugier, Staunen, Schmerz, Ausgelassenheit, Trauer, Schreck und Angst ... Mädchen lernen (wie und von wem?) ihr ritualisiertes „Sprödigkeitsverhalten", ihr mimisches „Weglaufen", um mit dem interessierten Jungen zu flirten.

So bereichern unsere inneren Zustände unsere Ausdrucksmöglichkeiten: vom In-den-Blick-Versinken über das aggressive, ekelgierige Anstarren bis hin zum Glotzen ... „Wenn Blicke töten könnten!" Wir spielen vor dem Spiegel Theater. Der Mime übt das. Der offene Mensch ist auch in seinem Gesicht ehrlich. Er lächelt sich im Spiegel zu – als sein Freund.

Stille Größe

Wir glauben, was groß und laut ist, sei auch bedeutend, die Fülle mache uns reich, die Farbigkeit schön, die Vielfalt interessant, der Reichtum glücklich ... „Viel Lärm um Nichts!" Der Mensch benötigt eine gewisse akustische Grundtönung. Wären wir länger als eine halbe Stunde in einem schalldichten Raum, würden wir Geräusche hören, die gar nicht da sind. Das Gehör ist so etwas wie die Alarmanlage unseres Körpers – wir sind ständig „ganz Ohr". Allerdings sind die Großstadtmenschen geräuschverdorben. Sie haben sich an den ständigen Lärm gewöhnt – und glauben, das mache ihnen nichts aus. Der Krachmacher Mensch fühlt sich im Trubel der Geräusche zuhause: Verkehrs- und Maschinengedröhn, Flugzeuge, Generatoren, akustische Signale, Klimaanlagen und ständige Radioberieselung stören ihn – so glaubt er – nicht. Gekreische von Kindern auf einem Schulhof oder in einem Schwimmbad, die frühe Amsel im Innenhof oder der bellende Hund der Nachbarin stellen Geduldsproben dar.

Wir lernen viel über die Notwendigkeit des Umweltschutzes – und verstehen im Wesentlichen darunter, Böden, Wasser und Natur zu schützen, vergessen aber leicht, dass der Luftraum darüber auch dazu gehört. Wer in einem Gebiet lebt, in dem die Geräuschkulisse mit über 55 Dezibel (dB) – das entspricht einem normalen Geräuschpegel in einem Büro! – gemessen wird, gefährdet seine Gesundheit nachhaltig. Nicht nur psychosomatische Krankheiten können auftreten – auch Schädigungen des Ohrs, Schlafstörungen und ein permanenter „Erregungspegel" oder eine leichte Reizbarkeit, was, verbunden mit zu wenig Schlaf, einen nicht wirklich zur Ruhe kommen lässt. Wo sich viele Menschen aufhalten, ist Lärm. Auch die Nächte sind nicht mehr ruhig.

Wir entgehen diesen oft unbestimmten Schallereignissen, wenn wir Ruheräume aufsuchen – oder noch besser: in eine stille Naturzone eindringen. Geräusche empfinden wir hier nicht als belastend. Auch in der Kargheit einer Bergregion, am Strand eines Meeres, in einer „reizlosen“ Schneelandschaft oder Wüste kann man Ruhe finden. In der monochromen Malerei beschränkt sich der Künstler beim Aufbau seines Bildes auf eine Farbe oder auf geringe Abweichungen davon. Ebenfalls sind zuweilen monotone Klangpassagen oder ritualisierte Gesänge von einer meditativen Kraft.

In einer von vielfältigen Reizen überfluteten Welt ist der Gang in die Stille – auch in städtischen Räumen – heilsam und kann einen spirituellen Charakter bekommen. Es ist etwas ungemein Beeindruckendes mit anderen Menschen gemeinsam in der Stille zu sein und still zu werden.

Suchen und Finden

Von klein auf sind wir neugierig: „Wie geht das?“ – „Wann sind wir da?“ – „Warum ist die Katze tot?“ Aber auch philosophische Kinderfragen zeugen vom Bedürfnis, Erklärungen zu finden für das, was sie beobachten: „Warum liebt ihr euch?“ – „Was ist hinter dem Himmel?“ – „Weshalb gibt es Krieg?“ usw.

Bei Kindern nennen wir dieses Bedürfnis Neugier, bei Jugendlichen wird es zur Wissbegierde und den Erwachsenen sagt man dann „Forscherdrang“ nach. Die Frage nach dem Warum oder Wieso ist sicherlich die primäre psychologische Frage, wenn es um das Verhalten von Menschen geht. Ein kluger Mensch wird versuchen, seine Bedürfnisse mit denen seiner Umwelt abzustimmen und auszubalancieren. Im fortgeschrittenen Alter neigen Menschen dazu, ihre Aktivitäten zugunsten ruhigerer Überlegungen zu reduzieren. Die Bedeutung des eigenen Lebens bzw. das Mühen um ein egozentrisches, prächtiges Befinden weichen zurück. Das Erinnern hat vorübergehend eine größere Bedeutung – wird aber dann ebenso unwichtiger wie die Ängste vor der Zukunft. Das Gewesene und das Zukünftige würden nur die „Wahrnehmungskanäle“ der Gegenwart gegenüber blockieren. Wer in Sorge und Angst vor dem Möglichen (aber nicht sehr Wahrscheinlichen) lebt, bereitet sich selbst eine neurologische Sklerose, also eine Unfähigkeit, fröhlich loszulassen und spontan und lebendig zu sein.

Wie geht das? Das Ignorieren gesellschaftlicher Normen kann zuweilen sehr befreiend sein: sich nicht messen und vergleichen wollen, nicht fremden Ansprüchen genügen, niemandem – auch sich selbst nicht – etwas beweisen müssen. Ab und zu auch mal das tiefsinnige Denken einstellen, um das Leben „barfuß“ zu genießen. Wo finde ich meine Ruhe, meinen Frieden?

Abseits der Massen, in der Natur, in der Stille eines Parks, im wohlgestalteten Wohnzimmer, auf der Terrasse ... Man muss nicht ein „Walderemit“ werden oder sein, um – zuweilen – die lattenzaunbegrenzte „Heimatlichkeit“ zu verlassen. So wohltuend Harmonie und Verständnis im familiären Kreis sind, so „störend“ können die ständigen Alltagsunterbrechungen und -pflichten sein

„Ruhe am Stück“ – und dies mit der Haltung des „Nicht-Müssens“ ermöglicht oft überraschende „Finde-Erlebnisse“, ohne dass ich direkt gesucht habe, wenn ich (fast) absichtslos unterwegs bin. Solche Erfahrungen haben mir reiche Erlebnisse beschert: Das immer wieder Fremde oder Andere, die langen Zeiten des Allein-Seins, neue Erfahrungen in der Lebens- und Betrachtungsweise anderer Kulturen und Gesellschaften haben mich mit einer nicht-bewertenden Neugier und Achtung beschenkt. Es ist m.E. die große Chance, unterwegs seinen „eigenen“ Weg zu finden, ohne einen vorgeschriebenen Trail zu folgen. Ich muss dann auch keine Übereinkünfte mit anderen Menschen eingehen. Es geht nicht darum, etwas zu finden, was andere herausgefunden haben.

Man muss nicht suchen, um etwas zu finden – dann findet man möglicherweise etwas, was man gar nicht gesucht hat. So konnte ich mich unterwegs oft verlieren, um mich zu finden, damit ich mich wieder verlieren konnte ...

Töten

Es liegt *nicht* primär an Bildung oder Erziehung, auch *nicht* an Persönlichkeit oder Lebensgang, wenn und wie jemand etwas tut oder lässt. Stets wird eigenes Fehlverhalten (im Nachhinein) den situativen Faktoren zugeschrieben („...Ich konnte gar nicht anders ... Ich musste ja, sonst ...!") – Fehlverhalten der anderen Menschen wird aber auf deren (gestörte) Persönlichkeit zurückgeführt. Jeder Mensch kann töten – andere oder auch sich selbst, voller Absicht oder leichtfertig, auch durch das Unterlassen von helfenden Maßnahmen. Ein Menschenbild, das in allen Lebenslagen von einer homogenen Persönlichkeit ausgeht, ist archaisch, bestenfalls idealistisch, sicherlich aber falsch! Nie verhält sich ein Mensch „nur" durch einen Grund/ durch ein Bedürfnis motiviert. Und wer meint fordern zu müssen, alles Verhalten müsse juristisch/moralisch absolut korrekt sein, begeht den Fehler einer „Normpathologie"; denn er berücksichtigt nicht, dass jeder Mensch *situativ* entscheidet und handelt. Wechseln die Rollen oder die Anforderungen, verändern Menschen auch ihr Verhalten. Ich zähle – fast wahllos – einige Motivbündel auf, die zum grausamen Töten führen können: Getötet wird aus Angst, aus Hass, aus verletztem Selbstwertgefühl (dies auch kollektiv!), aus Wut, Rache, Hunger, Besitzgier. Seelische Erkrankungen, Wahnvorstellungen und Frustrationen können zum Amoklauf führen. Wie die mongolischen Horden rasen junge Männer auf Pick-ups mit Kalaschnikows durchs Land und lassen Mensch und Erde erzittern: Lust, Machtrausch, Respektlosigkeit allem gegenüber, was anders denkt oder ist. Zerstörungswut und schlichtweg „Lust" und ideologielose, kalte Freude an der Wirkung des eigenen Tuns: Das Töten macht solchen Menschen mehr Spaß als das Leben. Ultimative Demütigungen der Opfer, medienwirksam gesendet, erfüllt sie mit Stolz. Töten als Bedürfnis nach Anerkennung! Immer hat Töten etwas mit Herrschaft, Vernichtung, Vergewaltigung und Erniedrigung zu tun. Aber Töten kann auch die Folge von Gehorsam sein, kann sich durch gruppendynamische Prozesse zu einem rauschhaften Blutbad entwickeln. Töten aus Konformismus. Es ist die oft emotionslose Grausamkeit, die uns so erschüttert. Der Mörder vernichtet die Welt seines Opfers und schädigt damit auf ewig seine Seele: Die Tat ist nie wiedergutzumachen – auch nicht durch die Todesstrafe. (Ein besonderes Kapitel stellt die Selbsttötung dar.)

Trauer

Wir alle kennen die Traurigkeit. Jede Person hat unterschiedliche Gründe, warum sie trauert. Meistens handelt es sich um einen Verlust, also um etwas oder jemanden, das oder der uns besonders wichtig und teuer war. Im Zen sagt man: „Alles, was uns lieb ist, verursacht uns Schmerz“ (Gautama Buddha). Das klingt erst einmal widersprüchlich. Es ist aber wahr; denn alles, was uns zugehört, wird sich verwandeln oder vergehen. In unserer Kultur sind wir als am Leben engagierte Menschen gewöhnt, zu kontrollieren, zu entscheiden, zu gestalten und zu „managen“.

Eine Fehleinschätzung macht es uns schwer, mit Verlusten „fertigzuwerden“: Es ist der Gedanke, wir könnten etwas festhalten und darüber nach unseren Vorstellungen befinden. Mag das sehr bedingt für Gegenstände zutreffen, so ist das bei Menschen (und anderen Lebewesen) nicht möglich! Vergegenwärtigen wir uns, dass uns nichts, rein gar nichts, ewig gehört oder gar gehorcht, kommen wir zu dem Schluss, dass wir „es“ wieder hergeben müssen. Das fällt uns natürlich besonders in einer intensiven (Liebes-) Beziehung schwer. Wir wissen insgeheim sehr wohl, dass eine Beziehung nie auf immerwährende Dauer bestehen kann. So wie unser eigenes Leben begrenzt ist, ist jede Form des Zusammenlebens auf Zeit angelegt. Die Vergänglichkeit hinzunehmen, ist schmerzhaft.

Zum Bereich der Trauer kann der Verstand dem Gefühl hilfreich beistehen: Die „reifen“ Gedanken können den „tosenden“ Gefühlen Halt und Orientierung geben. Ich weiß sehr wohl, dass bei starken Gefühlsaufwallungen der Verstand nicht immer abrufbar ist. Zugleich habe ich erfahren und gelernt, dass es auch in schwierigen Situationen nur selten sinnvoll ist, seinen Verstand längerfristig von den Gefühlen überschwemmen zu lassen! (Auch hier wieder das Prinzip der „geistigen Disziplin“). So wie man sich vor wichtigen, komplizierten Auseinandersetzungen gegen den möglichen Stress mental „impfen“ kann, kann man sich auch „verbieten“, sich gehen zu lassen bzw. die Contenance zu verlieren. Es geht um einen geistigen Zustand der Bewusstheit – a u c h in schwierigen, vielleicht sogar bedrohlichen Situationen (aber auch in Verführungssituationen!) –, der bereits vor unserer bewussten Motivation einsetzt und v o r jeder Handlung klärt, was gut und was schlecht ist.

Und damit komme ich zu einem anderen Phänomen zum Thema Verlust, Tod und Trauer. Das Leben zu verstehen und Menschen zu lieben, kann man nicht voneinander trennen. „Großes Verstehen kommt mit großer Liebe“. (T'ao Shan) Zen betont immer wieder, dass Liebe nur dann eine Chance hat, wenn sie im wahrsten Sinn hoffnungslos ist. Wenn wir also vom Partner nicht erwarten, dass er unserem Idealbild nahekommt – wir ihn aber trotzdem zu verstehen versuchen. Können wir nur das wirklich lieben, was wir auch loslassen können? Das Mitempfinden des „Gehens“ eines lieben Menschen ist wie die Vorwegnahme des eigenen Sterbens: Das höchste Maß der Selbsterkenntnis ist wohl nur dann möglich, wenn wir uns selbst „sterben“ lassen und unsere individuellen Eigenheiten und angeblichen Bedeutsamkeiten hinter uns lassen. So wird der „Weg aus dem Leben“ eines (geliebten) Menschen zum weiteren „Weg in das eigene Leben“: Zu sich selbst kommen, in sich selbst ruhen, keine „Rühmung“ nötig haben ... bescheiden und dankbar, ruhig und befriedet zu gehen, ist die Kunst des Loslassens.

So gesehen geschieht oft der wesentliche Anteil eines Trauerprozesses längst vor der Zeit des Sterbens. Und es ist kein Zeichen einer besonders großen Liebe, wenn man besonders stark trauert! Denn wir wissen ja, dass zur Liebe das Leid gehört wie das Helle zum Dunklen.

Überleben

Anpassen und Einpassen – das sind die Strategien, um zu überleben. Wir Menschen haben uns „edle Tugenden" zugelegt: Ehrlichkeit, Wahrheit, Fairness und Nächstenliebe. Und das ist gut so.

In kritischen, gar lebensbedrohlichen Situationen fallen Menschen, besonders in der Masse, zurück auf ihre evolutionären Programme: Da gilt Anstand nicht mehr; Rücksichtnahme höchstens den engsten Angehörigen gegenüber; Gewissenhaftigkeit wird rasch vergessen, wenn es ums Überleben geht: Das ist unser Grundprogramm. Weil wir nicht genau wissen, welches der richtige Weg zum Überleben ist, machen wir das, was alle tun. So entsteht ein „Paniksturm". Wir möchten dazugehören.

Aber längst nicht nur in lebensbedrohlichen Situationen *funktionieren* wir so. Auch in unübersichtlichen Lebenslagen, wenn wir nicht genügend Informationen haben und uns erfolgreiche Menschen belügen, glauben wir ihnen. Da werden die absurdesten Behauptungen verkündet und geglaubt (z.B. wenn Benzin knapp wird und behauptet wird, dass irgendwo ein geheimes Lager mit Sprit ist ...). In der Werbung und durch die politische Propaganda werden die unverschämtesten Unwahrheiten verbreitet und angeblich weitererzählt. Dadurch gewinnen sie an Bedeutung – und niemand kann mehr aus Mangel an Übersicht beurteilen, was richtig oder falsch ist – und das Schlimmste: Es interessiert auch niemanden mehr! Ja, man verteidigt dann auch noch seinen (falschen) Standpunkt. Zwischen Meinung und Fakt wird nicht mehr unterschieden. Man folgt der Meinungsindustrie und gibt sich mit einem gewissen

Genuss dem süßen Gift der angepassten Gleichgültigkeit hin: Verschwörungstheorien.

Der Grund für solch ein Verhalten kann zweifach sein: Man kann und will Ungewissheit nicht aushalten, und – zweitens – man folgt irgendwelchen „Anführern“ oder Sport-Idolen, denen man gern und gläubig Kompetenz zuspricht. Dann ist es so, wie uns das Märchen sagt: Das naive Kind deutet auf den nackten Kaiser und fragt, warum der denn nichts anhabe?

Wahrnehmung und Wirklichkeit fallen immer häufiger auseinander, man traut seinen eigenen Sinnen nicht mehr. *Aber tausend Fliegen können nicht irren!* Die „gefühlten Wahrheiten“ (z.B. über Flüchtlinge) werden zur Grundlage von politischen Entscheidungen, gar von Gesetzen. Die Massenmeinung ist durch ein gespaltenes Verhältnis zur Realität gekennzeichnet. Hüten wir uns, den Rattenfängern zu folgen.

Unerklärliches

Wir Menschen neigen dazu, alles zu erklären und nicht nur aufgeweckte Kinder fragen immer wieder: „Warum ...?“ Unsere moderne Gesellschaft ist dermaßen komplex, unsere Waren sind so kompliziert und die zwischenmenschlichen „Störungen“ lassen sich oft weder leicht erklären noch rasch beheben. Ein „gutes“ Beispiel ist die Corona-Pandemie. Experten tummeln sich in allen Lebensfeldern. Und wir hätten gern das Gefühl, dass sie uns das Unerklärliche verstehbar erklären könnten. Aber Vieles bleibt unserem Verstehen verborgen.

Da bricht bei jemandem, der immer gesund gelebt hat, eine plötzliche Herzattacke in sein Leben – oder eine junge, bis dahin kerngesunde Frau erhält die Diagnose: „Krebs“. Ein Ehemann sagt: „Ich hole rasch Zigaretten“ – und verschwindet auf Nimmerwiedersehen. Erwachsene Kinder ziehen weg und melden sich nicht mehr. Funkstille über Jahre lassen die Eltern leiden und fragen: „Was haben wir falsch gemacht?“ Eine alleinerziehende Mutter verlässt ihr Kind. Ein Pubertierender aus gutem Haus (wie man so sagt) gerät in Drogenkreise und bringt sich um.

Der Schmerz ist immer wieder der Stachel, der uns das Leben so schwer macht, der uns zum Nachdenken, aber auch zur Bescheidenheit animiert. Unser Wissen über den anderen Menschen ist sehr beschränkt – und wie oft wissen wir bei uns selbst nicht einmal, warum wir jetzt gerade wieder so aggressiv oder traurig sind?

Wir sind stark mit dem verbunden, was im zwischenmenschlichen Bereich nicht so ist oder wurde, wie wir es erhofften. Das, was wir z.B. bei einem Abschied nicht gesagt haben oder die Funkstille (das Verlassen und Schweigen) zwischen Verwandten und Freunden, das Unerklärte und Ungeklärte in der Biographie der Eltern, die nicht vergebenen Verletzungen und Kränkungen ... beschäftigen uns oft bis an unser Lebensende. In vielen Fällen weiß man heute nicht mehr, was damals – vor langer Zeit – zum Zerwürfnis geführt hat, und es ist für Kinder und Enkel nicht nachzuvollziehen, wieso und aus welchem Grund man nicht mehr miteinander spricht. Gerade die Kränkung des Zurückgelassen-Seins wird als schlimme seelische Wunde erlebt. Die Grundsicherheit der ganzen Familie kann dadurch erschüttert werden.

Man kann auf Dauer nicht vor sich und seiner Geschichte davonlaufen. Die „Leichen“ im Keller werden zu Geistern, die wir nicht mehr loswerden. Es besteht weiterhin ein symbiotisches Verhältnis jener Menschen zueinander, die verlassen haben oder verlassen wurden. Diesen erlebten Kränkungen liegen meist zwei Einstellungen zugrunde: Die Vorstellung von der eigenen Grandiosität und zugleich die empfundene Minderwertigkeit. Jeder dekoriert sich seinen Käfig, in dem er lebt, und glaubt es schön zu haben, ohne sich wohlzufühlen. Wir sind nicht immer „Herr im eigenen Haus“ (Freud). Vieles geschieht uns, und eine Strategie ist es (wenn man keine Klärung findet), das auszuhalten oder einen „Experten“ zu befragen. Gynäkologen und Thanatologen helfen bei Geburt und Sterben, Pädagogen und Bürokraten bei den alltäglichen Entscheidungen, Verkehrsexperten und Depressiosspezialisten, Ehe-, Ernährungs- und Börsenberater helfen zurück ins Lot ... *Ach ...*

Unsicherheit

Weil nichts sicher ist, haben wir so viele Versicherungen: Wir möchten uns sicher fühlen. Wer heute lebt, muss glauben, dass es noch nie so schlimm zugegangen ist, wie gerade jetzt. Wir geben uns Gesetze, schließen Verträge ab, vertrauen den guten Sitten und Gebräuchen … und haben doch zunehmend das Gefühl: Man kann weder den Institutionen noch den handelnden Personen voll vertrauen. Angeblich sollen Überwachungen unser Leben sicherer machen – aber wir wissen nicht, was mit den Daten geschieht und verlieren genau dadurch das Empfinden der Geborgenheit. Psychosoziale Sicherheit, das bedeutet vor allem „das Gefühl der Sicherheit“, ist eben im Wesentlichen auch eine Frage des Vertrauens. „Sache des Staates ist die Sicherheit seiner Bürger und nichts anderes“ (Spinoza).

Man kann Unsicherheit damit auflösen, dass man einer „Autorität“ (der Politik, den Interessensvertretungen …) glaubt und ihr Entscheidungsbefugnis zuspricht. In der Hoffnung, dass diese Autorität auf der Grundlage besserer Informationen und dem Willen, Gutes zu tun, in ihren Entscheidungen wirklich meine Interessen vertritt. Ich will und kann mich nicht um die Details kümmern, wenn ich die Grundentscheidung abgetreten habe und mir die Kompetenz fehlt.

Polizisten nehmen Straftäter fest, Richter und Gerichte „sprechen Urteile“. Dabei geht es um Verfahren und Rechtsentscheidungen. In einer Demokratie sollte die Rechtsprechung alle Verfahrensteilnehmer miteinbeziehen (im Sinne von transparenter Information), damit das spätere Urteil in seiner Verbindlichkeit eine höhere Akzeptanz erfährt (N. Luhmann). Dadurch wird Rechtsunsicherheit reduziert. Jede nicht geahndete Regelübertretung stärkt das Gefühl der Unsicherheit.

Unsicherheit erleben wir alle täglich: Ob ich mich z.B. richtig, d.h. dem Anlass gemäß gekleidet habe, richtet sich primär danach, was andere tragen. Mode und Zeitgeist sind stark von Designern, Journalen und Konsumenten abhängig. Wenn wir so sind wie alle, fühlen wir uns sicher.

Der Ausgang eines sportlichen Wettkampfes wird durch die Unsicherheit über den wahrscheinlichen Sieger und die Erwartung an die favorisierte Mannschaft erst richtig spannend werden. Mögliche Überraschungen sind im Verlauf eines Turniers wahrscheinlich und wünschenswert. Das macht die Sache faszinierend: Nicht immer stehen die Besten dann in der Rangliste dort, wo sie stehen möchten.

Wir sollten uns nicht in gefälliger Sicherheit wiegen oder wähnen, sonst könnte es Überraschungen geben. Menschliches Leben ist und bleibt unsicher, denn es kann jeder Zeit zu Ende sein.

Unterschiede

Menschen haben unterschiedliche Vorlieben, Einstellungen, Gewohnheiten und verfügen über unterschiedliche Fähigkeiten. Wir möchten in unserer Individualität als Person wahrgenommen und akzeptiert werden.

Zugleich neigen wir in festgefügten Gruppen dazu, uns von anderen Menschen und Gruppierungen abzusetzen. Wir stellen unsere uns wichtige Identität auch meist durch die Abgrenzung zu anderen Gruppen her – mit der fatalen Haltung, dass „wir“ meinen, recht zu haben und gut zu sein und „die anderen“ als Gegner, gar als Feinde zu betrachten, weil sie „böse und schlecht“ seien. Den Ursprung dieses Denkens wird man in der Ausprägung der monotheistischen Religionen sehen.

Die Zeit der Aufklärung hat uns die Freiheit der Toleranz „geschenkt“: Die Haltung der Duldung und des Gewährenlassens Anderen gegenüber ist die Grundlage des friedlichen Zusammenlebens – zumindest in der Theorie. Verschiedenartigkeit ist Vielfalt – und Vielfalt kann sehr nützlich sein. *Toleranz* ist anstrengend: Wir nehmen etwas hin, was uns eigentlich nicht gefällt. Damit lehnen wir es (innerlich) ab und ertragen es doch (äußerlich). Wir können – und sollten – als Mehrheit einer Minderheit *erlauben*, nach ihren Werten zu leben, wenn sie nicht zu Unruhe und Gewalt aufruft. Weiterhin ist in unserer globalisierten Welt das Verhalten der *Koexistenz* notwendig, damit Frieden gewahrt bleibt: Zwei oder mehr „Kräfte“ existieren nebeneinander her und halten sich gegenseitig aus. Wir können auch *in Respekt* vor den Lebensweisen und Leistungen Andersdenkender deren Beitrag zu unserer Kultur würdigen. Und schließlich gibt es auch die Möglichkeit der *Wertschätzung* anderen Personengruppen gegenüber, weil sie unsere gewohnte Welt bunter, reicher, vielleicht auch klüger machen.

Leider ist in unserer Gesellschaft ein Trend zur Sprachlosigkeit festzustellen: Man macht sich, ohne große Kenntnis des Fremden, ein Bild von den Anderen, ohne sie wirklich zu kennen, oder ohne mit ihnen Erfahrungen gemacht zu haben. Man bleibt in seiner Blase (oder Komfortzone) und zeigt verächtlich mit den Fingern auf „die da". Dabei wäre es menschlich lohnend, das Gemeinsame zu suchen, denn wir Menschen teilen miteinander eine gemeinsame Welt, nicht verschiedene Welten. Die „großen Ziele" verbinden uns. So letztlich auch die Toleranz – aber nicht gegenüber Intoleranten.

Unterwegs

Aushalten der Ungewissheit ist wohl viel eher das tragende Phänomen des Unterwegsseins, nicht das sichere Ankommen. Nie waren so viele Menschen privat, beruflich oder aus Not „unterwegs" wie heute. Sie wollen sicher befördert werden, sie wollen sicher ankommen. Und es ist ein großes Leid, seine Heimat verlassen zu müssen und nicht zu wissen, ob man sie je wiedersehen wird. Flucht und Vertreibung sind Negativbeispiele für das Unterwegssein. Mir geht es hier eher um das Reisen.

Wie die Wissenschaft der Umgang mit dem Unbekannten ist und ein wenig mehr Wissen schaffen möchte, begeben wir uns auf Reisen, um ein wenig mehr über uns und die Welt kennen zu lernen. Haben heutige Wohlstandsmenschen (die ja in der Mehrzahl als Touristen unterwegs sind), wenn sie unterwegs sind, noch eine Vorstellung davon, dass die eine Hälfte des Reisens Verirren und Verwirren, nur die andere Orientierung ist? Sie wollen Führung, Sicherheit, Annehmlichkeiten wie zuhause und das gewohnte Brot. Man kann den Eindruck gewinnen, dass GPS-gestütztes, punktgenaues Ankommen wichtiger ist als das Aufbrechen und das Unterwegssein. All-inclusive Touren im Zuschauer-Modus gewähren keine wirklichen Begegnungen mehr. Möglicherweise sind die besten Reisen jene, bei denen man im Vorhinein nicht genau weiß, wohin sie geht? Der Reiz des Unterwegsseins besteht aus glücklichen Zufällen.

Die jungen *back-packer* mit ihren Rucksäcken, die man noch trifft, haben meinen großen Respekt: Sie schlagen sich oft allein durch Raum und Zeit, sind auf ihrer Pilgerschaft bereit, mit dem Unvollkommenen zu leben, um daraus zu lernen. Mit Neugier, Freude und Kreativität tragen sie in ihrem jungen Leben den Schatz ihres späteren Seins zusammen. In der Ferne kann man sich finden.

Wer über seine Reisen berichtet, beschreibt etwas Wesentliches von sich selbst. Und dann immer dieses Erstaunen bei der Rückkehr – wie schön man es daheim hat.

Verlieren und Gewinnen

Wenn wir schon mitspielen, möchten wir gern zu den Gewinnern gehören – aber es gibt (fast) immer viel mehr Verlierer. Was kann man alles gewinnen oder verlieren? Kriege, Besitz, einen Schlüssel, die Gesundheit, den Durchblick und die Einsicht, sich selbst, ein Spiel oder eine Wette, Menschen, Freunde, den Glauben oder die Überzeugung, Zeit, Heimat, Haltung/ Contenance, Vertrauen, Liebe oder den Verstand, Geduld, Preise oder Weltrekorde, das Leben ... Fällt nicht auf, dass diese Begriffe eher zum Verlieren als zum Gewinnen passen?

In unserer *habenorientierten Welt* (E. Fromm) sind wir sehr auf das Besitzen ausgerichtet. Dabei haben wir uns gegen alle möglichen Verluste versichert. Und natürlich denken wir vor Entscheidungen in „Gewinn- und Verlust-Kategorien“: Was habe ich davon? Was gewinne, was verliere ich, wenn ich ...? Die Saldo-Rechnung als Differenz zwischen Aufwendungen und Erträgen ist jedem Kaufmann gut bekannt. Hinter all diesen Überlegungen steht die Überzeugung, dass uns etwas gehört, zusteht oder wie selbstverständlich zur Verfügung stehen soll.

Das Kleinkind fürchtet bereits den „Verlust der Mutter“ – und frühe Verlusterfahrungen prägen das spätere Leben. Der Mangel von Zuneigung und Anerkennung im Kindesalter sind die häufigste Basis für spätere Störungen. Der Angstneurotiker klammert sich an seinen (angeblichen) Besitz, an Objekte (sein Haben macht ihn aus!), eben auch an Menschen: Der Andere soll immer für ihn da sein. Der Depressive fürchtet den Liebesverlust – auch zu sich selbst: Er schreibt sich selbst keinen Wert zu (Selbstverlust) und erlebt eine emotionale Leere. Auch das Gegenteil ist als pathologischer Narzissmus gut bekannt: Eine übermäßige Selbstliebe stellt die Kompensation einer eigentlich empfundenen Minderwertigkeit dar, die sich durch besondere Leistungen im Beruf, im Sport, in Kultur oder in der Politik ausdrückt. Ein verletztes, schwaches oder verlorenes Selbst – der Verlust der Identität kann sich auch „Stärke“ in Gewalttaten suchen.

Als den schwersten Verlust erleben wir, wenn uns wichtige Menschen verlassen, uns nicht mehr wollen, oder wenn sie sterben. Das Durchleben von Trauer führt im besten Fall (als Gewinn) zu einer Anerkennung einer neuen Realität.

Gewinnen und Verlieren sind nicht nur wettkampfbezogen, sondern sie sind in einen Reifungsprozess eingebunden: in den ständigen (biologischen) Wandel von Werden und Vergehen. Wir können nur gewinnen, was wir auch bereitwillig verlieren können.

Verschlossene Türen

Was uns als Kind verboten war, hatte seine besondere Bedeutung und zog unser Interesse auf sich. Nur die stark-gläubigen bzw. sehr ängstlichen Zöglinge beherrschten die zweifelhafte Kunst des Gehorsams. Man nannte sie brav. Ich gehörte zu jenen, denen ein „verbotenes" Buch erste „kriminelle" Energie einpflanzte: Wie könnte ich an dieses Buch herankommen? Was würde darin zu sehen oder zu lesen sein? Der Reiz des Verbotenen gehört zur Jugend – später nennen wir es Wissbegier oder Erkenntniswille oder gar wissenschaftlichen Forscherdrang.

Neben dem möglichen Glauben belebte mich vor allem der Zweifel. Ich wollte glauben – und zweifelte ständig. Erst viel später begriff ich, dass diese beiden Teilgrößen der Lebensentdeckung zusammengehören. Zweifel sind verschlossene Türen. An ihnen vorbei zu schleichen, ist sicherlich gehorsam, aber nicht klug. Es ist mutig, verschlossene Türen zu öffnen und in den dahinterliegenden Räumen zu stöbern. Kindliche Neugier paart sich hier mit dem Drang, „hinter die Dinge" zu schauen. Menschen möchten wissen, woher sie kommen, wohin sie gehen und wie dieses und jenes „funktioniert". Selbstbestimmte, aufgeklärte Menschen möchten verstehen – auch so schwierige Dinge wie Freundschaft und Liebe, Freiheit und Würde, Glaube und Unglaube. Warum sind manche Menschen dumm, andere aber weise? Wie „geht" Wirtschaft, wie funktioniert das weltumspannende Finanzwesen, warum gibt es Krieg? Kinderfragen.

Sicherlich müssen wir begreifen, dass wir wohl nie alles verstehen werden. Wir können aber dafür Sorge tragen, dass wir uns mit unseren Fragen Antworten nähern – und diese im Austausch mit anderen Menschen relativieren; denn es gibt nicht die eine und nur diese Wahrheit! Geöffnete Türen machen den Weg frei – und dann stehen wir wieder vor weiteren Fragen und neuen Antworten. Die richtigen Fragen und die Suche nach den möglichen Antworten – verglichen mit dem Bild der Jagd – ist oft interessanter als die Beute. Der Zweifler will glauben und glaubt, wissen zu können. Wer aber nur zweifelt, wird bald verzweifelt sein und ihn wird die Freude verlassen.

Verzeihung

„Oh, Verzeihung ..." und schon rast der Rempler weiter. Verzeiht er sich selbst – oder war das die Bitte um Verzeihung? Blieb es nur eine hilflose Floskel? Ist Benehmen Glücksache? Benehmen ist eine Frage der inneren Einstellung, nicht der Opportunität: Rücksichtslosigkeit ist auf die Erosion moralischer Ressourcen zurückzuführen. Da wir alle nie genau wissen können, wie wir uns in kritischen Situationen „absolut korrekt" verhalten sollen oder sollten, kommt es in der Nachbetrachtung leicht zu der Einsicht, etwas falsch gemacht zu haben. Wir können um Verzeihung bitten.

Im Gegensatz zur Vergebung (dem eher im religiösen Bereich vorbehaltenen Handeln), bei der stets von der Warte der moralischen Überlegenheit eine „Schuld" abgetragen wird, ist das Verzeihen eine zwischenmenschliche Kulturleistung, die zur Versöhnung befähigt. Große Worte. Ich habe etwas falsch gemacht, etwas vergessen oder gegen ein ungeschriebenes Gesetz verstoßen. Andere Menschen haben das mitbekommen – oder nur ich allein weiß, dass es ein Fehler war. Die „geschädigte" Person soll zeitnah wissen, dass ich auf den Fehler aufmerksam gemacht wurde, dass ich ihn vielleicht aus ihrem reservierten Verhalten erschließen könnte. Da ist zuerst die Frage: „Habe ich etwas falsch gemacht?" – Dann das Eingeständnis, dass ich mein Verhalten bedaure oder gar bereue. Und nun die Bitte, mir zu verzeihen. Dazu gehört die glaubwürdige Aussage einer Wiedergutmachung. Oft tut man das mit einem kleinen Geschenk, einem Brief, einem Händedruck. Wichtig ist, dass die Entschuldigung in dem Kreis öffentlich wird, in dem man seinen Fehler beging. Das Leben ist gar nicht so schwer, wenn man sich nur im ehrlichen Bemühen um

„Frieden“ und Verständigung bemüht. Verzeihen ist besser als Rache; und wer anderen verzeiht, dem wird verziehen.

Man kann, sein Verhalten und sein Leben reflektierend, auch sich selbst vergeben bzw. verzeihen. „Das verzeihe ich mir nie!“, dröhnt es oft apodiktisch – und man spürt förmlich, wie so Jemand seine „Schuld“ wohl gern trägt? Um sich zu vergeben, muss man nicht vergessen. Man kann sich aber von der Reue befreien. Man kann seine Erinnerungen an eine nicht so gute Vergangenheit in Hoffnung für die Zukunft wandeln.

Zuweilen benötigen wir Freunde, Berater oder Angehörige, um uns – gerade zum Lebensende hin – im ehrlichen Gespräch eine Entlastung von empfundener Schuld oder von einem wichtigen Versagen zu finden. Ich bin fehlbar. Wir sind fehlbar. Das zu wissen und anzuerkennen, ist eine Voraussetzung für Verzeihen.

Vielleicht

„Das Wörtchen vielleicht ist die Visitenkarte der Hoffnung" (aus „Fliegende Blätter"). Man mag oder kann weder zustimmen noch absagen. Man steht an der Grenze zwischen einer oft leichtfertigen Gewissheit und einem zögerlichen Unglauben. Im Krebsgang verharrt der „Vielleicht-Sager", weil er noch nicht weiß, ob er vorwärts oder rückwärts krabbeln soll. Es ist aber etwas Anderes als das Unentschieden (1:1): Hier ist ein formales Gleichgewicht hergestellt. Beim „Vielleicht" traut man sich noch nicht an die Gewichtung. Warum nicht? Eine gewisse Feigheit? Angst vor den Folgen einer Entscheidung? Möchte man sich und sein Gegenüber noch etwas in der Schwebe halten? Will man sich mit viel Leichtigkeit aus der Verantwortung stehlen? Oder hat man noch nicht genügend Daten oder Informationen zusammen, um sich festlegen zu können? Fühlt man sich im Moment überfordert? Möchte man abwarten, was andere tun?

Es gibt eher ängstliche Menschen, die sich gern alle Türen offenhalten wollen, die aus einer gewissen Pedanterie heraus ja keinen Fehler machen möchten und deshalb gern im Schatten der zweiten Reihe erst einmal abwarten, wie sich die Lage so entwickelt. Die Entscheidungswilligkeit und die Entscheidungsfähigkeit sind, in Verbindung mit dem Verantwortungsgefühl, ein bestimmendes Kriterium für Führungskompetenz. Zaudern aus Schwäche? Wer sich als Persönlichkeit versteht, sein „Selbstsein" bejaht, hat sich im Verlauf seines Lebens einen inneren Kreiselkompass zugelegt, statt sich gehorsam und unkritisch an fremde Forderungen anzupassen (das wäre ein Meinungsradar). Die Haltung der Entschiedenheit beinhaltet immer das Wagnis der (falschen) Wahl. Es ist eine innere Freiheit, die uns befähigt, verantwortlich Entscheidungen zu treffen, die weit über „Problemlösungen“ hinausgehen, nämlich Aufgaben zu übernehmen und Vorbild zu sein. So fallen wir auch dem Geschäft der Verführung nicht so leicht anheim. Aber vielleicht ist diese Vorstellung für viele Menschen zu leicht, um sich in ihrem Bewusstsein zu verankern?

Vollenden

Es ist oft schwierig genug, eine Sache anzufangen. Dies besonders, wenn es sich um eine eher unangenehme Angelegenheit handelt. Aus Furcht vor möglichen Fehlern oder einem denkbaren Versagen erst gar nicht zu beginnen, ist eine weit verbreitete Angewohnheit mancher Menschen. Sie glauben, der Anfang müsste leicht sein – und verharren dann oft mit vielen Erklärungen im Vorsatz. Ja, vor dem Beginnen bereits das Ende erhoffen oder befürchten, hat Weichenstellfunktion. Und ist auch zuweilen aller Anfang schwer, sollte man doch die Kunst beherrschen, rechtzeitig aufzuhören.

Etwas zu vollenden, scheint eine fast aussichtslose Kunst zu sein. Künstler, vor allem Poeten, leiden oft bis zum Ende ihres Lebens daran, das Wesentliche doch (noch) nicht geschaffen zu haben. Und wie schwer wird es Musikern, ihre große, letzte Symphonie zu beenden. Wir neigen dazu, Aufgaben, Werke und auch unser Leben rund zu machen, d.h. gut abzuschließen. Störungen, Konflikte, aber auch ungelöste Aufgaben (z.B. für einen Kriminalbeamten nicht „gelöste Fälle") vergessen wir nicht (Zeigarnik-Effekt). Sie verfolgen uns bis in den Schlaf bzw. bis zum Lebensende. Wir möchten in der Sicht auf die Phänomene und Dinge der Welt schlüssige Erklärungen haben. Wenn uns Informationsteile fehlen, neigen wir dazu, sie per Erfahrung oder Vermutung zu ergänzen (Gestaltgesetz der Geschlossenheit): Wir nehmen einen Kreis auch als solchen wahr, wenn er nicht ganz geschlossen ist. Auch im Erzählen unserer Lebensgeschichte schönen oder dramatisieren wir „dunkle Stellen" und ergänzen (Gedächtnis-) Lücken mit fantasierten Ausschmückungen. Wenn wir das oft genug tun, glauben wir es sogar!

Letztlich wissen wir aber, dass uns die Vollendung eines Werkes oder auch unseres Lebens kaum wirklich gelingen wird. Mit dieser Vollendungsfantasie machen wir das Los-Lassen und das Zu-Lassen zu einem schwierigen „Geschäft". Es ist aber auch nicht „erlaubt", die Bühne vorher zu verlassen.

Vielleicht können wir dem Lebens-Ende auch dadurch den Schrecken nehmen, indem wir uns als ewig unvollendete Kunstwerke begreifen?

Völlig losgelöst

Unsere Kultur hält sich an gewisse Regeln, die das Zusammenleben der Völker und Gemeinschaften ermöglichen (sollen). Aber es gab immer schon von allen Gesetzen „befreite" Horden, die voller Lust und Gier durchs Land zogen, um zu morden, zu plündern und zu vergewaltigen. Mongolische Reiterheere, Beduinen der arabischen Halbinsel und in unserer Zeit nun die „Kämpfer" des „Islamischen Staates" (IS). Sie haben alle Hemmungen abgelegt, fühlen sich als Dschihadisten nur einer völlig verschwurbelten Idee von einem „heiligen Krieg" verbunden und rasen mit ihren Pick-Ups, auf denen Granatwerfer installiert sind, durch die Länder, um zu zerstören, zu stehlen, ihre Opfer zu demütigen und zu köpfen.

Kein Mitgefühl, kein Zögern, keine Hemmungen beim Morden und Sprengen von Kulturdenkmälern bremst sie in ihrem menschenverachtenden Wahnsinn. Ja, sie sind von Sinnen, stehen möglicherweise unter Drogen. Frauen, Mädchen werden als sexuelle Sklavinnen missbraucht und verachtet.

Die IS-Kämpfer missachten in ihrer orgastischen Zerstörungswut alle in der Menschheitsgeschichte mühsam erworbenen Gepflogenheiten für ein zivilisiertes Leben. Ihr völlig entfesseltes Marodieren kennt keine Grenzen, keinen Anstand, keine Würde, keinen Respekt vor irgendetwas. Kollateralschäden werden hingenommen und in ihrem Vernichtungsfieber lassen sie ihren primitivsten Impulsen und Bedürfnissen freien Lauf. Sie sind – wie es scheint – in die Irre gegangen. Einige „Kämpfer" aus dem Ausland geben bei ihrer Rückkehr an, sie seien aus idealistischen Motiven zur Befreiung des Syrischen Volkes dorthin gezogen ... Sie wollten ein weltumspannendes Kalifat errichten – aber das scheint oft nur ein Vorwand und eine Schein-Rechtfertigung für ihr total amoralisches oder naives

Verhalten zu sein. Und das Erschreckende ist, dass sich auch aus unserem Kulturkreis junge Menschen, eben auch junge Frauen, durch diese anarchischen Schlächter angezogen fühlen. So glauben sie, die ultimative Befreiung von allen Fesseln zu erlangen. „Ungläubige" werden zu Objekten degradiert. Jede Rechtsbindung wird geleugnet. Das Töten und der Tod sind ihnen wichtiger als das Leben, das sie dereinst unter zweiundsiebzig Jungfrauen erwartet!

Kann man das erklären? Kaum. Zerstören und Töten bereitet Lust? Willkür macht unberechenbar stark! Es ist „das Böse", was sich unter bestimmten Bedingungen Bahn bricht, wenn in einem moralischen Vakuum keine Grenzen gesetzt werden und keine Regeln mehr gelten – nur noch ein angeblich „göttlicher Auftrag" zur massenhaften Ekstase treibt.

Vor-Tod-Zeit

Alle Lebenszeit ist Zeit vor dem Tod. Das ist uns nur selten bewusst. Wir verabschieden uns und denken, dass das Wiedersehen fröhlicher sein wird als die Trennung. Aber … so viele Situationen geben Anlass, über die eigene Endlichkeit nachzudenken. Morgen wird eine Operation sein. Der Sohn, die Tochter reisen als Soldaten zu einem kritischen Auslandseinsatz. Der Ehemann wird mit seinen Kameraden den erwünschten Gipfel besteigen. Die junge Abiturientin verabschiedet sich zu einem Auslandsaufenthalt „hinter dem Horizont.“ Es kann die Fahrt mit dem Auto sein, die Radtour, der Abenteuerurlaub …

Es wäre außergewöhnlich, wenn wir nicht alle solche oder ähnliche Situationen kennen – zumindest vom Hörensagen. Was macht das mit uns? Wir leugnen, dass uns das passieren könnte. Wir verdrängen die Möglichkeit des Nicht-mehr-Wiedersehens. Wir wollen nicht wahrhaben, dass uns das geschehen könnte … Wer so die Augen verschließt, scheint beruhigter zu leben. Wer aber mit wachen Sinnen sehr wohl weiß, wie rasch alles vorüber sein kann, lebt die Zeit vor dem Tod intensiver. Das gilt so pauschal zumindest für reifere, ältere Menschen.

Wir erkennen das „Paradies“, in dem wir leben, oft erst, wenn wir längere Zeit in der „Wüste“ gelebt haben. Beide Lebenssphären tun dem Menschen – zuweilen – gut. So sind auch die „wüsten“ Gedanken und die Todesängste zwar nicht schön, aber sie tragen dazu bei, dass wir den Tod ernst nehmen, um das Leben bewusst zu gestalten und zu genießen. An der Abbruchkante des Lebens blühen die schönsten Blumen. Wir erkennen die Bedeutung der Zeit, und die Wertigkeiten werden in solch einer Situation häufig nachjustiert. Abschiedssensibilitäten sollte man nicht ausweichen. Man sollte sie feiern.

Ich erlebe die Wartezeit bis zu einer Diagnose im Wartezimmer bzw. im Krankenbett mit Bleistift und Papier. Was ich jetzt aufnotiere, erhält den Charakter einer To-do-Liste: Was wollte und sollte ich noch alles tun? Wem schreiben und danken? Welche Schulden begleichen, welchen Groll auflösen? So gestalten sich Sorge und Angst zu einem Erinnern: an die lichten Zeiten, die wunderbaren Erlebnisse, die vielen großartigen Menschen, die eigenen Kräfte. Gerade dort, wo Düsternis möglich ist, ist immer auch Licht. Manche nennen dies Hoffnung; andere glauben an ein Geschick, das man nicht beeinflussen kann oder Gottvertrauen. Sich in derartigen Situationen anderen Menschen liebevoll hinzugeben, sich ihnen anzuvertrauen, vielleicht sich sogar ihrer (therapeutisch-medizinischen) Kunst auszuliefern, kann eine tiefe Lebenserfahrung bedeuten.

Das Leben erhält seinen Wert durch seine Begrenztheit.

Wahrheit

Oh je, wer will sich an die Wahrheit wagen? Was wollen wir darunter verstehen? Richtigkeit? Realität? Echtheit? Gewissheit? Wahrhaftigkeit? Oder sprechen wir von der Wirklichkeit, wenn wir aufrichtig, offen und ehrlich sind? Zwischen (wenigstens zwei) Menschen kann die Wahrheit ein Beil sein, sie kann unfreundlich und verletzend sein. Und man sollte sich genau überlegen, ob man sie immer und überall hören möchte. Gegen die süße Schwere einer höflichen, leichten Halbwahrheit ist die volle, ungenierte Wahrheit oft brutal, grob und nackt. Aber zuweilen auch nötig.

Manche glauben, Wahrheit sei eine Arznei gegen die Krankheit der Täuschung – aber viele Menschen dämmern lieber im Halbschlaf der Ungewissheit, weil sie sich vor der bitteren Wahrheit fürchten bzw. davor, sie nicht zu *vertragen*. Aufrichtigkeit ohne Liebe und ohne Takt wird den verletzen, dem sie aufgenötigt wird. Nie leben wir in der Wirklichkeit eines anderen – und es zeugt von Respekt, dem anderen seine „Maske“ zu lassen bzw. nicht die eigene Fratze zu zeigen. Kann Wahrheitsliebe amouröse Bindungen stärken oder wird sie sie schwächen? Für die Wahrheit benötigt es die richtige Zeit, den richtigen Ort und den richtigen Wein. Man sollte der Wahrheit nicht das Glück des Lebens opfern – und die Diplomatie kennt die Sprache des gesunden Menschenverstandes und der Höflichkeit. Sie spricht weder ein klares *Ja* noch ein deutliches *Nein*. Das kluge Verschweigen oder artige Bemänteln der (ganzen) Wahrheit bewahrt den Frieden und ist von großer praktischer Bedeutung.

Im Gewand der Dichtung, der Sprache der Poesie, werden Wahrheiten zu Vogelschwärmen, die ständig in Bewegung sind, weil sie nicht genügend Ruheplätze finden. Jeder Vogel trägt einen Teil zur Größe des Gelingens bei, so, wie die Wahrheit nie Hauptspeise, sondern immer nur Gewürz sein kann. Beim Klettern in den Bergen der Wahrheit sollte man sich anseilen.

Frage mich – aber sei vorsichtig –, denn ich werde ehrlich antworten. Es müssen nicht alle Wahrheiten angesprochen, nicht alle in aller Tiefe und Breite auf dem Operationstisch seziert werden. Unsere wechselseitige Aufrichtigkeit ist e i n Weg in unserem Leben – unsere gemeinsame Wahrheit heilt den Schmerz, den sie zwischen uns zuweilen bewirkt.

Wahrscheinlichkeiten

Vieles ist möglich, manches wahrscheinlich und viel mehr ist unwahrscheinlich. Das ist das Spielfeld unserer Hoffnungen und Befürchtungen. Unser Wissen im Vergleich zu diesen beiden Größen ist sehr klein. Es liegt im Bereich der Möglichkeiten, dass ein erwünschtes oder auch befürchtetes Ereignis eintritt. Bei einem Würfel ist die Wahrscheinlichkeit, dass eine bestimmte Augenzahl gewürfelt wird – bei ganz vielen Versuchen – 1:6; d.h. jede Zahl kann gleich oft gewürfelt werden. Die Wahrscheinlichkeit, dreimal hintereinander eine 6 zu würfeln ist 1: (6x6x6) =1:216. Die Wahrscheinlichkeit *P (E)* für das Eintreten eines Ereignisses *E* ist gleich dem Quotienten aus der Anzahl *g* der für das Ereignis günstigen und der Anzahl *m* der möglichen Elementarereignisse: *P(E)=g/m.* Welcher Lottospieler will das schon begreifen oder „nachrechnen"? Er weiß, dass seine Chancen auf den Hauptgewinn gering sind – und sich auch nicht vergrößern, wenn mehr Geld als sonst im Jackpot ist. Trotzdem. Was wären wir ohne Hoffnung? Der Zufall entscheidet über Verlust des Einsatzes oder Gewinn um das Vielfache.

Was geht da in einem Menschen vor, der gelegentlich oder gar regelmäßig seine Zahlen ankreuzt? Manche machen sich mit der Auswahl viel Arbeit, andere lassen den Zufall walten. Alle hoffen auf den Hauptgewinn (seit 1986 unbegrenzt). Wer „spielt" (spielen?), will mit dem Geld etwas Entscheidendes anfangen. Vielleicht Gutes tun, etwas verschenken oder etwas, was bisher unerreichbar war, erwerben. Er fühlt sich in diesem Moment der Hoffnung stark und gütig, klug und mächtig. Mit den Großen dieser Welt könnte man mithalten. Er ist vor der Ziehung der Zahlen erregt, gespannt und anfällig für Beschwörungszeremonien. Es gibt Menschen, die nicht sofort nach der

„Ziehung“ wissen wollen, ob sie gewonnen haben; denn sie möchten dieses Gefühl, eventuell gewonnen zu haben, noch etwas konservieren. Andere holen sich ihren Bescheid möglichst sofort ab ... Enttäuschung ist die Motivation für den nächsten Versuch, immer wieder. Eigentlich erwarten wir das Eintreten eines Ereignisses auf der Grundlage unserer bisherigen Erfahrungen. Irrationale Hoffnungen und Befürchtungen halten uns aber – seelisch – in Bewegung. Natürlich gibt es Zufälle.

Nichts ist absolut sicher und vorhersagbar – manches ist wahrscheinlich. Aber w i e wahrscheinlich? Das wollen wir oft gar nicht wissen; denn das Hoffen ist schön, und das Befürchten ist erregend. Unsere subjektive „Gewissheit“, die wir uns basteln, leugnet gern die minimale Möglichkeit, dass es nicht geschieht. Das ist Lebendigkeit. Wir wollen „gewinnen“ und glauben, das Glück stünde uns zu.

Weisheit

Nehmen wir an, ein weiser Mensch sei alt, habe viel erfahren und ertragen und habe seine Gier, seine Aggression, seinen Wunsch nach Bedeutsamkeit besiegt und lebt mit seinen Mitmenschen in Frieden. Man sucht ihn gern auf, fragt ihn um Rat und respektiert sein Anderssein. Er lächelt viel, schweigt oft und liebt es, in und mit der Natur zu sein. Seine Weisheit (er weiß selbst nicht, was das ist!) korrespondiert mit seinem Tun. Er verfügt über eine klare und einfache Lebensphilosophie, er weiß, was er will, und vor allem, was er nicht will. Er beherrscht die Kunst zu wissen, was er bei seinen Mitmenschen übersehen und tolerieren soll. Er ist auch deshalb weise geworden, weil er sein Leben lang ein guter Zuhörer war, obgleich er vielleicht auch selbst gern gesprochen hätte.

Ein weiser Mensch ist mild und gütig und spürt, dass alle angestrebten Problemlösungen unvollkommen sind. Er verfügt über eine Geistesgegenwart, die es ihm ermöglicht, in allen Lebenslagen bei aller äußeren Erregung seine Seelenruhe zu bewahren. Außerdem verfügt er über eine gute Urteilskraft – besonders in Momenten der Gefahr.

Weise Menschen leben oft zurückgezogen. Sie lieben die Einsamkeit, die Stille und die Wärme der Abendsonne. Kluge Menschen leben in ihrem Wissen, in ihren Erfahrungen aus der Vergangenheit und in ihrem Können. Sie sind überzeugt davon, dass das wichtig für ihr Leben sei.

Die Weise weiß, dass sie ihr Wissen zwar teilen möchte, aber sie weiß und akzeptiert auch, dass niemand von den reif gewordenen Früchten ihres Lebens kosten will, dass kaum einer vom Wein ihrer Zeit, vom Brot ihrer Erfahrung etwas versuchen möchte. Ihre „fremden“ Weisheiten bleiben fremd, wenn sie aufgenötigt werden – und werden zu Schätzen, wenn man sie sucht und findet.

Altersweisheit macht einsam. Wir sind dann nicht mehr begeisterungsfähig, können weder jubeln noch tief trauern, sehnen uns nicht mehr nach Liebe und Anerkennung. Der Weise hat die Ruhe in sich, im Käfig seiner Weisheit gefunden und lebt in Frieden mit seiner Umwelt.

Werte

Die Proklamationen von Werten sind wie das Geländer in schwierigem Gelände – sie geben Orientierung und Halt. Gesellschaftliche Werte verändern sich zum Teil im Verlauf der Zeit – einige bleiben aber konstituierende Ankerpunkte einer historisch gewachsenen Kultur. (Die fünf Weltreligionen vertreten fast identische Werte!) Als Wert ist das zu verstehen, was den Menschen in einem größeren Verbund als etwas Übergeordnetes gilt und zu dem sie anerkennend „aufblicken". Die philosophische Ethik spricht den Werten das Wünschens- und Erstrebenswerte zu – bewusst oder unbewusst leben wir Menschen unter solch einem Schirm. Verhaltensnormen können aber – wie u.a. vom Nationalsozialismus praktiziert – auch leicht fehlgeleitet werden.

Werte sind zu handlungsleitenden Überzeugungen geworden, die unser Verhalten in einem hohen Maße steuern. Aber es gibt keine absolut sicheren Verhaltensstandards; denn die jeweiligen Situationen und die momentane Verfassung des Menschen bestimmen sein Erleben und Verhalten ebenso. Internationale Studien haben eine Klassifizierung von zehn Werten erforscht. Es geht um:

- *Selbständigkeit im Denken und Handeln;*
- *Stimulation (Abwechslung und Aktivierung);*
- *Hedonismus (Freude an Sinneserfahrungen);*
- *Erfolg;*
- *Macht;*
- *Sicherheit;*
- *Konformität (Handeln gemäß bestehenden Ordnungen);*
- *Tradition (Verpflichtung gegenüber kulturellen Gebräuchen);*
- *Güte* und

- *Universalismus (Toleranz gegenüber Meschen und Natur)* – (nach Schwartz).

Dabei sind Werte nicht dasselbe wie Bedürfnisse oder Motive. Wenn wir einen Mangel (Durst, Hunger ...) erleben, versuchen wir ihn durch unser Verhalten abzustellen (Defizitmotive). Der Drang nach Selbstverwirklichung und Selbstbestätigung wird von sogenannten Wachstumsmotiven (Maslow) angeregt und „gefüttert".

Ein Dilemma menschlichen Lebens ist, dass Werte auch gegeneinanderstehen können: Der generelle Wert „Ehrlichkeit" erfährt z.B. eine Umbewertung, wenn man einer geschätzten Person eine unliebsame Wahrheit mitteilen soll. Oder: Offenheit/Neugier kann im Widerspruch zum Wert Sicherheit stehen. Auch Selbstverwirklichung kann sich mit dem Wert Altruismus „beißen". Es ist eben unser Schicksal – im Gegensatz zum instinktgeleiteten Tier – immer wieder in unterschiedlichen Situationen (Wert-) Entscheidungen treffen zu müssen. Der gebildete Mensch hat ein klares, hierarchisiertes Wertekonzept.

Wir sollten nicht glauben, dass das Wissen um Werte uns bereits in die Lage versetzt, ihnen zu folgen. Das soziale Umfeld, die Situationen (bedrohlich, angenehm ...), das (berufliche) Setting, die wirtschaftliche Situation usw. beeinflussen massiv, ob wir uns wirklich unseren „festen Überzeugungen" gemäß verhalten.

Wir fühlen uns hingezogen

Es scheint so, dass in allen Kulturen und letztlich auch in allen Individuen trotz aller Geschäftigkeit eine tiefe Sehnsucht nach Harmonie, Schönheit, Ruhe, Spiritualität und Kunst besteht. Es sind die wehmütigen Kinder-Lieder, die wir gelernt haben; es sind die traurigen Geschichten und Märchen, die unser erstes Weltverstehen mitgeprägt haben; es ist der klagende Ton der Flöte oder die ruhige Melodie, die vom Cello tönt ... Es sind die alten Städte, Burgen und archaischen Landschaften; es ist der morbide Charme Venedigs ... all das schlägt uns in einen geheimnisvollen Bann. Gerätschaften auf alten Bauernhöfen, Mühlen oder in Handwerkermuseen ... strahlen etwas von Ruhe und Besinnung aus. Alte Bäume inspirieren uns. Wir bestaunen frühe Höhlenmalereien, Tempelruinen oder Reste heiliger Stätten. Sie berühren und gemahnen uns an unsere eigene Vergänglichkeit. Dieser stille Hang zu einer süßlich-traurigen Melancholie scheint ein Gemeinsames aller Kulturen zu sein.

Die Reife einer Persönlichkeit werden wir auch daran erkennen, dass sie zum Kern der Dinge, zum Wesentlichen strebt. Weglassen, loslassen, hergeben, lächeln und die Unwichtigkeit der eigenen Person auf der Waage der Endlichkeit zu erkennen und anzunehmen, ist ein Stück Lebens-Weisheit. Die Werte in sich zu entwickeln, sich nicht von der Interessensindustrie der Medien becircen zu lassen und sich zunehmend von den materiellen Dingen zu lösen, ist Reife.

Unser Streben nach Macht und materiellem Reichtum hat ein spirituelles, geistiges Vakuum gezeugt, das uns im Alter bedrängt. War das unser Leben? Wird es so bleiben? Soll das alles gewesen sein? Auch und gerade im Alter treiben wir – ohne eine sinnvolle Perspektive – ohne Ordnung und Ziel im großen

Ozean der Möglichkeiten. Mit Glück landen wir irgendwo an, wo es „schön“ ist. Wahrscheinlich dümpeln wir aber so vor uns hin und bemitleiden unser Altsein, wenn wir nicht Aufgaben finden und fortführen, wenn wir nicht mit Neugier und Freundlichkeit im sozialen Gewebe unserer Beziehungen mit Freunden verbunden sind.

Jetzt werden Grundsätze der Einfachheit und Bescheidenheit größere Bedeutung erlangen und die dominante Rolle des Intellekts weicht zunehmend dem Wunsch nach friedvoller personaler Nähe und Besinnung: Schönheit ohne Prunk, Musik ohne Elektronik, Natur ohne Technik, Kunst ohne knallige Kontraste, Menschen ohne aufgeblasenes Wesen, Ordnung mit dem Zauber des Notwendigen ... Jedes Tun geschieht in großer Sorgfalt und mit Freude. Es ist eine Geisteshaltung, die sich im japanischen Wabi-Sabi-Ideal konkretisiert: Im Augenblick leben, ohne alles Überflüssige und zufrieden sein.

Wir – zusammen

Hier bin ich. Dort bist du. Wollen wir etwas gemeinsam tun? Der Mensch will nicht allein sein – höchstens in Ausnahmefällen zu bestimmten Zeiten. Es ist ein tiefes Bedürfnis in uns, dazuzugehören, einer Gruppe, einem Clan anzugehören. Das wärmende und sichernde „Wir" ist für ein gutes Leben lebenswichtig. Dabei scheint die „digital community" den Ansprüchen nach Nähe und Vertrauen nicht genügend weit entgegen zu kommen. Wir wollen den anderen Menschen sehen, ihm in die Augen schauen, ihn anfassen können und riechen. Wir möchten uns in unseren Gedanken, in unserem Tun ... in ihm spiegeln. Wir möchten gemocht werden und Liebe schenken.

Auch wenn manche Menschen sich zuweilen in einer Masse verlieren und berauschen wollen, ist doch die überschaubare Gruppe die natürliche Sozietät des Menschen. Die globalisierte Datenwelt ist dem Menschen zu komplex, zu weitläufig, zu andersartig: kurzfristig sicherlich interessant, langfristig wahrscheinlich anstrengend und ermüdend. Wer ohne eine minimale Geborgenheit auskommen muss (oder will), wird seelisch verkümmern und geistig retardieren. Sozialpolitisch hat das Leben in der Masse einen ganz gravierenden Nachteil für die Persönlichkeit: Die Masse ist „doof" und handelt im Zugzwang der Ansteckung meist absolut irrational, ja, oft massiv kriminell! In der Masse denkt man selten individuell. Emotional lässt man sich anstecken und kennt dann nur noch zwei Richtungen: *Hosianna* oder *Kreuziget ihn*! Ja, in der Masse entsteht das Gefühl der Macht bei einem gleichzeitigen Kontrollverlust über das eigene Verhalten.

Wer im „Wir" leben will, sollte seine Mitmenschen – wenigstens von Angesicht – kennen; ihnen auch bekannt sein. Differenzierte Wahrnehmungen und unterschiedliche Beurteilungen tragen zur Weiter-Entwicklung einer Gruppe bei. Viele Erfindungen oder schwierige Denk-Aufgaben gelingen zuweilen besser allein – sind aber immer auf die größere Gruppe (bis hin zur Menschheit) bezogen. Heute werden zunehmend Projekte im Team angegangen und gelöst: Die Vielfalt der Kenntnisse und die unterschiedlichen Talente und Vorgehensweisen garantieren den Erfolg. Wir werden auch in Zukunft in Gruppen und größeren Sozietäten leben wollen. Die Vereinzelung (Single-Sein) wird über kurz oder lang, besonders aber im Alter, zu einem Problem.

Wunder?

In unserer aufgeklärten Zeit glaubt kaum noch jemand an Wunder. Höchstens sind die „Weltwunder“ noch eine Reise wert – und wir glauben sie nur in der Ferne zu finden. Auch die Wunder der Natur bestaunen wir – oft im Unwissen über die Kreativität und die Lebenskraft der Natur. Uns umgeben so unglaublich viele Phänomene und Ereignisse, dass wir fast abgestumpft sind, so dass wir diese für uns so ungewöhnlichen, beeindruckenden, fabelhaften, außerordentlichen und zuweilen verblüffenden Dinge und Vorgänge gar nicht als solche erkennen und würdigen. Wir tauchen in die Unterwasserwelt, gehen im „Lebewesen Wald“ spazieren, durchstreifen Fels- und Eisregionen, sehen das Leben der Tiere in ihren sehr unterschiedlichen Organisationsformen ... erstaunlich, oder?

Gewohnheiten sind in allen Kulturen und Gruppierungen gewachsen – und sie erschließen sich uns meistens erst, wenn wir schon längere Zeit dort mit-leben und viele Fragen stellen dürfen. Zuweilen empfinden wir Bräuche als skurril. Kennen wir aber ihre Geschichten, verstehen wir auch eher ihren hergebrachten Sinn. Architektonische und technische Wunderwerke lassen den nachdenklichen Menschen staunen. Menschliches Zusammenleben ist oft nicht nur sonderbar, sondern auch erstaunlich vernünftig. Viele politische und kulturelle Spielarten haben sich im Verlauf der Geschichte geformt und zum Teil auch längst wieder überholt.

In der Medizin und Landwirtschaft, in der Physik und im Bereich der Elektronik und anderswo haben sich „Wunderdinge“ getan – und tun sich solche. Die Künstliche Intelligenz (KI) wird uns beschäftigen.

Aber: Junge Menschen, die die Wunder nicht mehr als Märchen erzählt bekommen, wachsen auf im Glauben, dass eben alles machbar, herstellbar sei. Geräte/Apparate und Instrumente „machen" alles möglich, was uns vom Herstellen entbindet. „Wunder" erlebt man vorm Bildschirm oder in „Event-Vergnügungs-Parks". Digitale Wissensspeicher bergen die Gefahr, dass Menschen, die sich von klein auf fast ausschließlich in diesem Bereich bewegen, mund- und denkarm werden und geistig veröden, wenn sie nicht parallel dazu ihre Kreativität pflegen und das „Selbst-Machen" kultivieren. Wenn wir schon immer wissen, was wir bekommen, werden wir kaum überrascht.

Zwar sind private Geheimnisse noch keine Wunder – aber auch sie werden immer öffentlicher. Die Jugendlichen sind ihrer frühen Wunderwelt beraubt und suchen sich bei Einhorn, Dinos, Star Wars, Geistern, Vampiren und Harry Potter ihre „Mystery-Stories". Und „die Alten" lassen sich von der Wunderwelt der sogenannten Prominenten verzaubern.

Wundern wir uns da nicht zuweilen über uns selbst? Der Mensch als größtes Wunder? Im Alter sollte man sich nicht mehr auf Wunder verlassen – aber sich immer wieder von allem Möglichen überraschen lassen.

Wurzeln

Woher kommen wir? Wo liegen die Wurzeln unserer Familien? In der Alltagssprache, in der Literatur und Kunst werden die Wurzeln – allegorisch – für das Ursprüngliche, Grundlegende benutzt. Wurzeln sind festgefügt, unverrückbar und notwendig, um leben zu können. Wurzeln drängen – zumindest bei den Pflanzen – in die dunkle Tiefe, zum Mittelpunkt der Erde.

Was in unserem individuellen und kollektiven Leben nicht eingewurzelt ist, läuft Gefahr, von den „Stürmen der Ereignisse" hinweggefegt zu werden. Überzeugungen, Bräuche, Gepflogenheiten – auch Anstand und Freundlichkeit, Nächstenliebe und das Recht auf Selbstbestimmung geben Sicherheit. Wurzeln sind fundamental, verdeutlichen aber zugleich auch die Mischform des Lebens: Die Wurzel ist ein zweiter, unterirdischer Körper – oft über hundertmal größer als der oberirdische Luftkörper! Das Netzwerk der Pflanzenwurzeln hat mit unglaublich vielen anderen Lebewesen notwendigen Kontakt und Austausch. Die Wurzeln berühren keine Hindernisse, die Wurzelspitzen spüren sie vorher und ändern rechtzeitig ihre Richtung.

Wir Menschen haben auch das Unsichtbare in uns: unser genetisches Erbe im Grund unserer Entwicklung. Aus dem heraus gestalten wir unser Wesen im sichtbaren Bereich unserer Umwelt. Werden wir als Menschen aus unserer Kultur „entwurzelt" (Heimkinder, Flüchtlinge, Asylsuchende ...), verlieren wir oft den notwendigen Halt und die Orientierung, weil unsere Wurzeln gekappt wurden. Wie das pflanzliche Wurzelwerk sind auch wir in zuweilen höchst komplexe Netzwerke eingebunden, ohne die wir nicht leben könnten und wollten.

Wir fragen oft analytisch nach den Beweggründen, Motiven oder Antrieben unseres Verhaltens. Das sind „Wurzelfragen". Aber wir fragen auch nach den bewussten oder unbewussten Zielen unseres Handels: Wozu dient es? Immer sind wir auf Wirkung aus. Wir wollen etwas erreichen oder verhindern.

Ziele?

Wir lernen – teilweise in teuren Manager-Kursen –, dass man Ziele haben muss, um erfolgreich zu sein. Das stimmt. Oder nicht so ganz. Zielfindungen und Ziel-Formulierungen sind eine Kunst für sich. Aber es gibt auch andere Betrachtungsweisen: Kein Ziel zu haben. Im asiatischen Taoismus und Zen sagt der Meister: „Wenn du ständig auf der Suche bist und dich bemühst, wirst du es nicht erreichen!" Die Begierde, unbedingt ein Ziel zu erreichen, zerstört Ziel und den Suchenden. Der Weise hat keinen Ort, dem er verhaftet ist, und er hat kein Ziel, das er erreichen muss. Er muss aus dem Leben nichts „herausholen", weder für sich noch für andere. Er muss auch niemanden beweisen oder ständig erzählen, was richtig ist oder was er kann oder getan hat. Er erfüllt seine Pflicht bzw. das, was er dafür hält. Seine Aufgaben haben einen „verborgenen Wert", d.h. er hat keine Neigung, den Wert dessen, was er getan hat, zu betonen oder zu kommunizieren. Er tut es. Im Zen nennt man dies: „Einen Brunnen mit Schnee füllen".

Es ist unsere (westliche) Vorstellung, dass wir „eingreifen", handeln und gestalten müssen. Wir wollen Ursachen und Wirkungen kennen, längst bevor die Tat erfolgt ist. Zuweilen wollen wir – auch in einer Virus-Krise – ständig Details kontrollieren. Eingriffe in die Geschehnisse der Partnerschaft, Erziehung, Wirtschaft, Landwirtschaft und Politik gehen davon aus, dass man dadurch die „Welt verbessern", zumindest Teilaspekte positiv beeinflussen möchte. Wir können und wollen uns zwar nicht von der Welt fernhalten, aber wir können sehr wohl die Vorstellung aufgeben, wir besäßen die Macht, etwas Wesentliches zu verändern. Wie man die Pflanzen in einem Garten „in Ruhe lassen" sollte, können wir auch die „Welt in Ruhe lassen" und müssen uns nicht über die vielen Ungereimtheiten (aus unserer Sicht) aufregen oder ärgern. Regen wir uns darüber auf, dass die Welt um uns herum nicht funktioniert, erfahren wir – oft genug – Angst, Ärger oder verlieren das Vertrauen in die Zeitläufe.

Wenn uns Aufgaben gestellt werden – und es ist unser Beruf, sie zu erfüllen –, benötigen wir Ziele. Hoffnungen und Ziele liegen in der Zukunft. Leben ist jetzt. Wenn es um unsere Lebenszufriedenheit oder um Abläufe geht, die wir nicht beeinflussen können, benötigt der kultivierte Mensch keine Ziele. Und wir sind nur selten für die Beseitigung von wirklichen Problemen geeignet oder zuständig. Es gibt eine schöne Metapher (von R. H. Blythe): Bei Schwierigkeiten ist es oft so wie beim Fliegenfangen: „... man versucht, die Fliege mit einer Klatsche zu töten – doch die Fliege merkt das, fliegt auf und setzt sich auf die Fliegenklatsche ...“

Zirkus

„Was für ein Zirkus ...!“ sagen wir, wenn wir übertriebene Aktivitäten meinen. Aber genau das ist es, was uns ja auch begeistert: das Übertriebene, das Besondere, das über das gewöhnliche Maß Hinausgehende. In der Manege des Zirkus treiben uns Künstler, Akrobaten, Clowns und Zauberer Spannung, Staunen und Tränen in die Seele. Reitkünste, Raubtiere und artistische Perfektion lassen uns, gepaart mit Stallduft und typischer Musik, den Alltag vergessen. Zirkus als kleines Paradies der Illusionen. Heute durch den poetisch-fantastischen Zirkus eines André Heller, des kanadischen Cirque du Soleil, aber auch durch den Chinesischen Nationalzirkus „veredelt“ und meisterhaft in Szene gesetzt.

Im Mittelpunkt steht immer der Clown. Seine Weisheit ist die Kunst, Tränen zu lachen bzw. trotz der Tränen das Lachen nicht zu vergessen. „Auf dem Grunde des Lächelns schwimmt eine Träne“, sagte der „Weisheits-Clown“ Charlie Chaplin. Wird nicht jedes Lachen aus Tränen geboren? Clowns als Sucher des Glücks sind immer etwas unglücklich – und deswegen lieben wir sie. Die Fröhlichkeit, die der Clown verbreitet, ist der Schutz gegen die Kälte, die Ungerechtigkeit und die Trauer über die Endlichkeit. Die Medien verbreiten grausame Nachrichten, der Clown steht nach dem Fall wieder auf.

Im Salto mortale werden die ehernen Naturgesetze für einen Augenblick auf den Kopf gestellt, außer Kraft gesetzt. Herrlich! Die Leichtigkeit, mit der eine Akrobatin, in die ungewisse blaue Tiefe springt und dem Fänger blind vertraut, ist unser Sehnsuchtswunsch: Fliegen, Schweben und Halt finden. Im Zirkus erleben wir Menschen, die uns suggerieren, dass das Leben ohne Unterlass Freude sei, weil sie den atemberaubenden Augenblick in seiner ganzen Unglaublichkeit und Größe zum Strahlen bringen und damit diesen Moment in das Licht der Freude tauchen.

Wenn der letzte Vorhang gefallen ist und ich nach dem Zirkusbesuch wieder auf der Straße stehe, kommt mir das Leben armselig vor. Ich benötige eine kleine Zeit des Nachsinnens, des Nachspürens, um das Schwere wieder leicht zu nehmen und um die lebendige Farbigkeit des Alltags wieder zu genießen. Schon freue ich mich auf den nächsten Besuch.

Zufall oder …?

Nichts ist für den Menschen unerträglicher als eine völlig unsichere Zukunft. Er unternimmt viel, um sich in Sicherheiten oder gar Scheinsicherheiten wiegen zu können: 1. Er stützt sich auf seine bisherigen Erfahrungen, benutzt 2. auch dokumentierte Erfahrungen anderer oder glaubt 3. an Statistiken. Oder will 4. gar nichts wissen, weil er generell seinem angeblich nicht entrinnbaren Schicksal glaubt!

Statistiken: Der Laie hofft, dass Wahrscheinlichkeiten (oder Möglichkeiten) sein Sicherheitsbedürfnis befriedigen. Dabei neigen wir oft zu übertriebenen Hoffnungen oder zu unrealistischen „Katastrophengedanken". Aber das Verrückte ist, dass die Wahrscheinlichkeitsrechnung eben nicht sagen kann, was wirklich sicher ist. Wir neigen stets dazu, zwei Ereignisse, die zur gleichen Zeit auftreten, in einen ursächlichen Zusammenhang (eine Korrelation) zu stellen: Wieder mehr Störche in Deutschland und eine höhere Geburtenrate soll deutlich machen, dass der Storch doch die Kinder bringt! Diese Ursache-Wirkungs-Zusammenhänge sind ein probates Mittel, um Unsicherheiten zu beseitigen – sie bereiten aber den Vorurteilen und dem kindlich-magischen Denken den Weg. Wir möchten gern – sowohl bei Naturgesetzen als auch beim menschlichen Verhalten – Ursachen, also Kausalitäten erkennen, um etwas sehr Komplexes einfach zu verstehen. Aber letztlich stimmt die Bauernregel: *Kräht der Hahn früh auf dem Mist, ändert sich das Wetter oder es bleibt so, wie es ist!*

Besonders wenn starke Emotionen geweckt werden, z.B. bei Krankheits- und Kriminalitätsursachen, beim Glücksspiel, bei Devisen-Spekulationen oder Wahlprognosen flüchten sich Menschen gern in naive, magische Rituale. Es ist uns eine Hilfe, bestimmte Ereignisse (Erkrankungen an Krebs z.B.) mit bestimmten Bedingungen (z.B. Rauchen ...) in Verbindung zu bringen. Ließen sich da gewisse, gehäufte Wahrscheinlichkeiten finden, sind wir schnell bereit, an Zusammenhänge zu glauben. Aber das wäre letztlich immer auch eine Frage der Stichprobe: Wenn man eine Gruppe von 85-jährigen Rauchern untersuchte, könnte man sagen: „Rauchen ist für die Gesundheit nicht schädlich! “ Dass aber von den Rauchern nur an die 5 bis 10 Prozent überhaupt 85 werden, wird von den Auftraggebern solcher Studien wohlweislich unterschlagen.

Die „richtige Welt“ existiert oft weit weg von allen Wahrscheinlichkeiten. Dort bleibt das Leben letztlich immer unberechenbar schön und – seien wir ehrlich – „lebensgefährlich“. E i n e gute Strategie ist eben auch, in Geduld abzuwarten, was geschieht, um dann angemessen zu handeln.

Zuschreibung (Attribution)

Es ist menschlich „normal", wenn wir z.B. unseren Berufserfolg vor allem unserer Tüchtigkeit und unserem Talent zuschreiben. Für Misserfolge dagegen werden gern die Umstände, der Chef oder die Gesundheit verantwortlich gemacht. Wir möchten Erklärungen haben, die uns entlasten, damit wir im Alltag besser bestehen können. Wir neigen dazu, Ursachen – z.B. hinsichtlich Leistung oder Erfolg – in uns selbst zu sehen (Selbstwertbezug). Und wir glauben, dass unser Verhalten, im Vergleich zu anderen Menschen, selbstverständlich normal ist. Das auffallende Verhalten von anderen sei aber außergewöhnlich bis unangemessen. Als Besucher eines anderen Landes empfinden wir die (anderen) „Touristen" als ziemlich komische Leute!

Ein Schiedsrichter sieht einen Stürmer stürzen – und der Referee muss blitzschnell herausfinden, ob der Spieler nur stolperte oder (durch ein Foul) gestoßen wurde – oder aber nur eine „Schwalbe" produzierte. Wir neigen rasch dazu, Handlungen auf menschliche Fremd-Einwirkungen, statt auf persönliche Eigenschaften zurückzuführen. Indem wir uns Erklärungen oder gar einen tieferen Sinn „ausdenken", verfälschen wir oft die Wirklichkeit. Jede spontane Zuschreibung ist von der Lerngeschichte des Beobachters abhängig. Wir konstruieren uns unsere Welt (Konstruktivismus). So basteln wir auch unser „Ich-Bewusstsein" zusammen und können, wenn wir etwas selbstkritisch sind, erkennen, dass es sich dabei letztlich um eine „Illusion des Ich" handelt.

Bevor man vorschnell einem Phänomen bestimmte Ursachen zuschreibt (die einem gut „in den Kram passen"), sollte man die eigene „Wirklichkeit" mit der Betrachtungsweise anderer Menschen abgleichen. Besonders Richter müssen vor einem

Urteil ihr menschlich wackliges Gerüst von Alltagsauffassungen unter kritischer Kontrolle halten. Leicht kommt man in Berührung mit dem sogenannten „Qualia-Problem“: Man soll etwas beurteilen, was man selbst aus eigener Erfahrung überhaupt nicht kennt: Ein Mann kann nicht wissen, wie einer Frau zumute ist, die vergewaltigt wurde – oder: Man weiß nicht was Hunger bedeutet, wenn man ihn noch nie erlebt hat ... Wie ist wohl das Befinden eines Flüchtlings, der lange Zeit „herumgeschoben“ wurde?

Aber Vorsicht: Wer alles versteht, ist zwar nachsichtig und duldsam, muss aber wissen, dass dort, wo viel Verstehen besteht, wenig Verstand sein kann. Es gibt dieses bissige Dichterwort: „Die einzige Möglichkeit, eine Frau zu verstehen, ist, sie zu lieben. Aber dann ist es auch nicht mehr nötig, sie zu verstehen“ (C. Goetz). Verstand und Verständnis sind nur entfernte Verwandte (Kappeler).

Zwei Modalitäten

Ich und Wir. Wir Menschen neigen nicht gerade dazu, rationale Entscheidungen zu treffen. Dies u.a., weil wir in zwei Welten leben. Zum einen sind wir Individuen, die sich auf ihre Vorteile, ihren Selbstschutz, ihre Selbstexpansion und Selbstbehauptung ausrichten. Wir sind getrieben, Trennendes zu sehen und zu schaffen, weil wir uns unterscheiden wollen. Isolation, Entfremdung und Alleinsein (vor allem im Alter) ist die Folge. Diesen Zug in uns nennt die Psychologie *agency.* Dieser Trend wird ständig torpediert durch das, was man als *communion* bezeichnet: Es ist das Bedürfnis des Individuums nach Teilhabe an einem größeren Ganzen, einer Gruppe, einer Sippe ... Dieser Gemeinschaftssinn manifestiert sich in dem Wunsch, mit anderen Organismen eine Einheit zu bilden. Er will Kontakt, Offenheit, Vereinigung. Er will das Trennende überwinden. Während *agency* sich im Drang zu herrschen dokumentiert, will *communion* freiwillige Kooperation. Es wird deutlich, dass diese beiden „Seelen in unserer Brust" kaum harmonieren können, wenn wir uns nicht große Mühe geben.

Da wir in einer merkantil-kapitalistisch orientierten Gesellschaft leben, sind wir immer wieder unzufrieden, weil wir sehen und erleben, dass andere Menschen schlauer, schöner, reicher, jünger, stärker ... sind als wir selbst. Und uns wird suggeriert, dass wir alle diese „Prädikate" kaufen können. Das stimmt natürlich nicht. Der Glaube daran ist irrational. Die oft aggressive Sprache der Werbung, die Rhetorik der Politik, das Verhalten gegenüber Fremden, auch die wissenschaftlichen Diskussionen sind oft auf Dominanz und Konfrontation aus. Freundlichkeit degeneriert in immer mehr „Geschäftswelten" zu einer nützlichen Hilfe bei der Verkaufsförderung.

Nur wenn uns der Spagat zwischen diesen beiden Welten gelingt, können wir verträglich und damit auch erträglich für andere sein. Dazu gehört Bescheidenheit und Maß. Verträglichkeit gründet auf dem stillen und tiefen Mitempfinden für anderes Leben – und will friedliche Konfliktregelungen. Dies hat nicht nur soziale, sondern auch materielle und gesundheitliche Vorteile für alle Betroffenen. Wer Krieg will, ist letztlich strohdumm.

Zweifel

Gewissheiten machen uns – angeblich – das Leben leicht. Aber im Leben müssen wir immer wieder Entscheidungen treffen – und dazu benötigen wir einen Maßstab. Womit messen wir, was richtig oder falsch ist? Daran, was andere Menschen tun? Was in schlauen Büchern steht? Was die „Chefin“ sagt? Was ich schon immer gemacht habe? Oder werfe ich eine Münze? Was für ein unzumutbarer Zustand wäre es, würde man an allem zweifeln. Die Unentschiedenheit ist für jene, die handeln müssen, nicht gut. Aber stets ohne Zweifel seiner Arbeit nachzugehen, wird jeden Menschen über die Zeit abstumpfen lassen, zur Maschine machen. Deshalb ist es gut, wenn „Macher“ Zweifler an ihrer Seite haben. Wenn der Politiker auf den bedächtigen Philosophen hört, wenn in einem Entwicklungsteam eben neben begeisterten Freaks auch wenigstens ein fachkundiger Zauderer sitzt. Verschiedene Ansichten, unterschiedliche Überzeugungen, auch voneinander abweichende Gesinnungen haben ihre Bedeutung – denn sie erfordern „Abstimmungen“ und nehmen bedenkenswerte Folgen im Mahnungsprozess vorweg.

So wie es keine Gewissheit gibt, ob es einen Gott oder derer viele gibt, so wenig können wir in allen Lebenslagen mit Sicherheit sagen, was richtig und was falsch ist. Wir treffen Übereinkünfte. Die Erkenntnisfähigkeit des Menschen bleibt beschränkt. Mit dem Zweifel beginnt die Erkenntnis. Ist nicht das, was ich erkenne, wahrscheinlich etwas Anderes als das, was ein anderer Mensch als wahr und richtig erkennt? Der Skeptizismus geht davon aus, dass es immer unaufhebbare universale Zweifel gibt, wenn man „die Wahrheit“ benennen will. Sind Bedenken und Zögern nicht zuweilen das Salz der Weisheit? Vielleicht sollten wir uns als „geistig hochdifferenzierte Tiere“ damit aussöhnen, dass der Zweifel und damit die Unentschiedenheit etwas sehr Natürliches ist! Der Intellekt des Menschen hat auch bereits unglaublich viel Unsinn produziert. *Und mit dem Wissen wächst der Zweifel* (Goethe). Jedenfalls scheinen mir Zweifel vorher besser zu sein als Ausflüchte hinterher! „Es könnte sein, dass ich mich irre – und du Recht hast. Aber es könnte auch umgekehrt sein!“

Neben dem Verstand gibt es die unbewusst gesteuerte Intuition. Auch ihr zu vertrauen, ist bei komplexen Entscheidungen durchaus eine Option. Unser Bauch ist oft klüger als unser Kopf!

Zweimal hinsehen

In der reizübervollen Zeit wird *flüchtig* das wahrgenommen, was besonders auffällt. Das größte Gut der Werbebranche ist unsere Aufmerksamkeit: Welche Reize werden aus der ungeheuren Vielfalt überhaupt noch registriert? Verführerische Kommunikationsmittel buhlen um unsere Beachtung – und schon flattern wir zur nächsten Verführung. Wünsche werden wachgerufen, Meinungen aufgedrängt und Unterscheidungen fallen uns zunehmend schwer.

Diese Zerstreuungen tun unserer Seele nicht gut, sie zerbröselt. Die kurzweiligen Ablenkungen versetzen uns in eine ständige Un-Ruhe, in eine nervöse Suchhaltung: Wir nippen an den Dingen, ohne sie im Alltagsgetriebe wirklich zu verkosten, d.h. ohne die Beteiligung unserer aufmerksamen Sinne. Eine Folge ist der Verlust von Substanz und Tiefe. Das Oberflächliche, das Unstete und die „schönen Außenseiten" sollen unser Kaufen-Wollen anregen. Die Masse der Botschaften und die ständige Geschwätzigkeit der Menschen (auch die eigene!) lassen uns Maß und Richtung verlieren. Alles verflüchtigt sich irgendwie.

Was uns Halt und Sinn beschert, ist „langsam": Die Beziehung zu Menschen und Dingen, zur Natur und Erscheinungen benötigen Zeit und „Respekt". Ursprünglich bedeutet Respekt „noch einmal anschauen" bzw. zweimal hinsehen. Respekt ist eine kommunikative Haltung. Man nimmt Rücksicht auf das, was einem begegnet, man wählt aus und *unterscheidet* (die ursprüngliche Bedeutung von Diskretion). Wir selbst können und sollten entscheiden, was uns bewegt, anregt, gefällt und wichtig ist. Der gebildete Mensch kann und wird auswählen. Wir können uns – u.a. durch den zweiten Blick – von den Verführungen und Manipulationen emanzipieren. („Benötige ich das wirklich? Ist das jetzt wirklich für mich wichtig?“) Dazu gehört auch die Disziplin, sich nicht immer sofort „hinzugeben“ und zu entscheiden – sondern den spontanen Wunsch mit dem kontrollierenden Geist abzugleichen. Gleiches gilt wohl auch für unsere Sprache bzw. unsere Wortwahl: die mögliche Wirkung bedenken und die eigene Gestimmtheit berücksichtigen. Will ich mir wirklich „nur“ den Kropf leeren, meinen Ärger loswerden und ungeniert sagen, was mir gerade in den Sinn kommt? Oder kann nicht ein dazwischengeschaltetes Lächeln besser Entspannung und „Frieden“ fördern? Wenn ich mich ärgere, lasse *ich* es auch zu, dass ich mich ärgere! Ich möchte aber den Menschen und den „Dingen da draußen“ nicht die Macht geben, mich aus der Ruhe bringen zu lassen. Ich schaue zweimal hin – und behalte mich „im Auge“.